快速記憶學八字

廖嘉賓——著

目錄

☰第二篇　如何排八字☷

第三篇　八字十神的綜合應用

序言

序言

很早就想寫一本八字的書了，坊間的八字學林立，各有專家、各有所長。我再來寫一本八字的書，豈不班門弄斧、貽笑大方？因此，本書與其他八字不一樣的是，除了教八字以外，最重要的是要讓大家看完本書後，可以容易記起來，這才是我寫這本書的目的。

有人說，紫微斗數易懂難學，而八字是難懂易學。其實是因為要瞭解八字的五行生剋制化，天干、地支的沖、合、會、刑、害以及十神、神煞……真會讓人望而止步。其實八字很簡單卻也最難，因為八字只不過是把十天干與十二地支按照年、月、日、時四柱排列而已，但是其中的五行變化，天干地支的衝、合、會、刑、害，還有藏干、十神、神煞……古人也很聰明，知道要背這些神煞、沖、合、會、刑、害等等並不好背，所以創立了一些口訣，以讓後人學習及記憶，但是要背口訣也不容易，而口訣有如天書，若無深厚的國學基礎以及豐富的命理知識，不懂的還是不懂，不背口訣還是不會，背了口訣也不一定會。要背好這些關係往往讓想學八字的人望而卻步，半途而廢。

我從小就很會背書，但是也很討厭背書，所以在背誦課文時（以前高中國文有畫兩個圈圈都要背），我自有一套背書的方法，把一些很困難、饒舌的古文背得滾瓜爛熟，高中國文課兩節課教一課課文，等到老師課文上完，我就已經背起來了，還包括作者生平及注釋，所以國文課考試幾乎就拿滿分。三民主義其實也是有邏輯性的，我可以看到前面的章節標題，就知道那一章在講什麼？後來又去學會快速記憶，也是快速記憶的講師，也寫過快速記憶的書籍及網站，這就是把我以前背書的心得公諸於世，讓大家來快速學習。

學八字這麼久，也碰到一些朋友、學生在學八字，但是看了前面幾頁就沒下文了，一問之下才知道，光是天干地支、五行生剋就已經頭昏腦脹了，根本沒有餘力再繼續看下去。我是學科學的，邏輯分析能力是我的專長，背書又有技巧，國文成績很好，所以國學底子還算深厚，因此用我快速記憶的方法去重新分析及運用快速記憶的方法去教學，至少這些學員學八字也沒那麼難。剛開始八字的邏輯性懂了，再用四柱的天干地支及藏干、十神，神煞，然後應用在八字論命，其實也沒這麼難。

記憶法不外分三大類，就是諧音法、圖像法及聯想法。利用這些方法可以在短期內就背下這些複雜的原理，接下來就是八字實證演繹了。

以諧音法來說，我們可以將一些艱深難懂的文字，利用想像力變成詼諧的話語，這樣就容易記起來了。舉一個例子：

臥春　陸遊（古詩）

岸梅幽聞花，臥枝傷恨底，遙問臥似水，易透達春綠，岸似綠，岸似透綠，岸似透黛綠。

這樣背書可能要花很長一段時間才能理解及背誦，但是假如我們稍微改一下詼諧一點的，幾乎看一遍就能夠記起來了。

我蠢　路由

俺沒有文化，我智商很低，要問我是誰？一頭大蠢驢，俺是驢，俺是頭驢，俺是頭呆驢。

我們把詼諧的文章看一下，就覺得有趣、好笑，這樣就像在聽笑話一樣，聽一遍就懂，然後再轉化成詩詞，這樣很容易就記起來了。這就是諧音法的應用。

聯想法是利用「劇情」及「故事」串連事物做相關事物的聯想，把文、數字及資料變得有關聯與有意義，加入一些技巧如：「誇張」、「有趣」、「卡通化」、「不合邏輯」甚至加入「情境」。

舉一個例子：如何用說故事背台灣六大毒蛇。龜殼花、眼鏡蛇、雨傘節、鎖蛇、百步蛇、青竹絲。

有一個忍者**龜**戴著**眼鏡**手拿著**雨傘**出門，鎖上門走了**一百步**撿到一條**青**色的**絲**巾。這樣我們就可以把這六大毒蛇的字連貫並且記憶起來了。這就是聯想法。

以圖像法為例，八字有固定十二地支的掌中訣，在論斷八字時非常好用。我們把左手攤開，看手上的食指、中指、無名指以及小指，從指尾、中間的兩個指節到指尖，共有四等份，如下圖：

這樣就可以在手指上演繹天干及地支了。

食指	中指	無名指	小指
巳	丙 午	丁 未	申
乙 辰	戊	己	庚 酉
甲 卯			辛 戌
寅	癸 丑	壬 子	亥

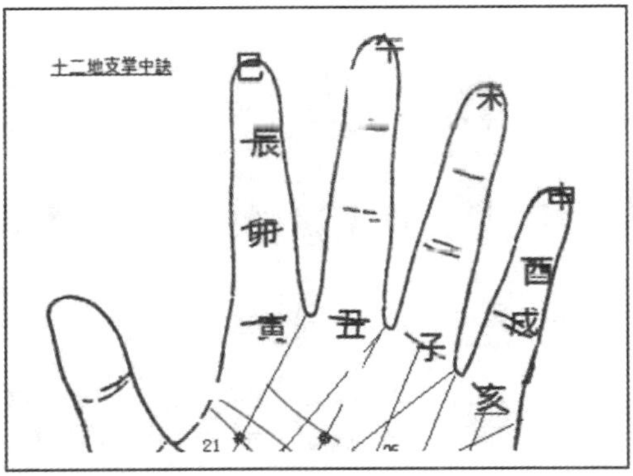

在以後的八字論斷、刑沖剋害以及神煞中，都以圖像法來演算及解說，這樣就可以破解先賢所著的八字密碼，也就不必死背一大堆口訣了。

至於圖像法還有一種功能，就是把數字變成圖像來記，這樣就可以把一連串的數字記起來。如下圖：

甜甜圈 0	帆船 4	鵝蛋 20	山鹿 36	我兒 52	喇叭 68	巴士 84
百步蛇 00	屋 5	鱷魚 21	山雞 37	午餐 53	牛角麵包 69	寶物 85
千年鶴 000	柳樹 6	雙人枕 22	山胞 38	武士 54	麒麟 70	芭樂 86
萬年龜 0000	枴杖 7	駱駝 23	三角褲 39	火車聲 55	奇異果 71	白旗 87
靈異 01	眼鏡 8	糧食 24	樹林 40	洗髮精 56	企鵝 72	汽車 88
鈴兒 02	酒 9	二胡 25	死魚 41	武器 57	旗竿 73	芭蕉 89
鈴聲 03	十字架 10	二溜冰鞋 26	食餌 42	我爸 58	騎士 74	手槍 90
零食 04	筷子 11	惡妻 27	濕傘 43	棺材 59	棄物 75	救生衣 91
蓮霧 05	時鐘 12	惡霸 28	石獅 44	榴槤 60	氣流 76	酒店小二 92
鬥牛 06	巫婆 13	惡犬 29	石虎 45	牛醫 61	巧克力 77	軍人節 93
情報員 07	醫師 14	山石 30	飼料 46	牛耳 62	青蛙 78	果汁 94
籬笆 08	鸚鵡 15	冰淇淋 31	司機 47	硫酸 63	氣球 79	酒壺 95
菱角 09	石榴 16	嫦娥 32	骰子 48	螺絲 64	巴黎鐵塔 80	酒肉朋友 96
鉛筆 1	儀器 17	搧扇 33	石臼 49	尿壺 65	白衣天使 81	香港腳 97
耳 2	尾巴 18	沙士 34	武林 50	溜溜球 66	白鵝 82	酒吧女郎 98
山 3	救護車 19	珊瑚 35	烏魚子 51	綠漆 67	爬山 83	乘法表 99

用諧音、聯想、位置……等快速記憶的技巧，就可以背出一長串的數字，而且不會搞錯，這種數字記憶的方式以後有機會再一一解釋。

所以在讀這本八字書籍之時，我利用快速記憶的方法如圖像法、諧音法、聯想法，以及邏輯推論等方式，讓讀者能一邊看懂八字後馬上就能快速的記憶起來，這樣就會讓讀者對研究八字有信心且產生興趣，才有動力接著看下去。這才是我想寫這本八字書的目的。一般坊間八字枯燥又艱澀難懂，而我把它變成簡單易懂、好記實用的書籍。這樣才能夠讓八字平民化、通俗化，變成全民運動了。

八字的基礎篇所需背會的部分用快速記憶的方法告訴讀者，這樣既可以學好快速記憶又可以利用這些原理學好八字了。這本書的出版除了教您學會八字以外，也把快速記憶的方法一起學習，將來在學習其他科目的過程中，有很大的裨益。

八字的由來

在看八字前，先瞭解一段故事，做為讀懂八字的暖身操吧！

距今四千七百多年前，我們的黃帝—公孫軒轅。在建國之時，命大堯氏立十天干，做為數法之用，又立十二地支，配合十天干，以為記日、記月、記年之曆法，更以黃帝登基之日做為甲子年、甲子月、甲子日。此後依天干、地支配合而成之六十組干支不斷循環使用，中國之曆法於焉形成。就記年而言，黃帝登基起至今已循環了七十八次，現在是第七十九次。

尚書中記載，洪範賢哲認為，宇宙萬物皆由木、火、土、金、水等五種元素所構成，（西洋哲學家認為宇宙萬物係由地、水、火、風等元素構成）後人常稱為洪範五行。五行與干支也被運用於占卜與堪輿，至今不衰。

然後在春秋戰國時代是中國文明大放異彩之時期，學說雜陳，百家爭鳴，其中鄒衍依據王朝興衰之觀察，提倡五行相尅之學說。然後在兩百年後之前漢末期，又有儒學家劉向與劉歆父子提倡五行相生之學說。至此，五行生尅之論，奠定了基礎與體系。

同時在漢朝時期，已將五行運用於曆法，將木配屬於春季，火配屬於夏季，金配屬於秋季，水配屬於冬季，而土則配屬於季節交換之間，由此可知，五行陰陽學說，已深植於文化與日常生活之中。

漢朝五行陰陽學說成立之後經歷了數百年，隋唐時代以年柱論命而至李虛中時，除了以年柱為主論判之外，兼配以納音方式論判，如此，論命之水準提高許多，但是到了唐末宋初之時，論命學術分成了兩個不同的方向，一是陳希夷創研了紫微斗數，一是徐子平設計了四柱八字，徐子平將過去以年柱為主之論命方式，改由以日柱（出生日之干支）為主，並以四柱內五行之生旺死囚、生剋制化、刑沖會合等等變化來論命運，至此，四柱八字之學術，建立了完整之體系。後人為紀念徐子平，遂將四柱八字學稱之為子平術。（子平術也有其他說法）。

徐子平創研四柱八字之後，並沒迅速普及各階層，宋、元兩代，除了徐大升所集流傳於世之《淵海子平》書外，幾乎是一片空白。但是元朝統治之近兩百年間，由於對外貿易，東西交往頻繁，文化交流盛行，因此，明朝又是中國文化大放光明之時代，中西文化交流結果，充實了中華文化之內涵，同時明、清兩代，掀起了子平術研究之熱潮，更留下了豐富的著作，以及革新性的論點，使子平論命術更趨完美與充實。其中對命學貢獻頗鉅之著作有：明朝開國首相劉伯溫之著述《滴天髓》，明朝萬育吾進士所著《三命通會》。明朝張楠所著《神峰通考》。明進士沈孝瞻所著《子平真詮》。

清朝大學士陳素庵所著《子平約言》，清朝任鐵樵所著《滴天髓闡微》，余春臺所編《欄江網》（又名窮通寶鑑），清末民初徐樂吾著《造化元鑰》，民初袁樹珊所著《命理探原》等等。臺灣在國民政府遷臺以來，政府重視教育，提高知識水準，加上印刷事業之發達，使得命理研究風氣大為提高，也因此培育了許多極具命理素養之專業人才，掀起了子平術研究之熱潮，更留下的豐富的著作，以及革新性的論點，使子平論命術更趨完美與充實。

誰能誰不能
能者在五行
五行推不轉
能者也不能
五行推得轉
不能者也能

學八字的精神就是，知命、識命然後要能運命，但不是認命。而運命的目的是要趨吉避凶，更高明的就是要改運，其中涉及了奇門遁甲、風水地理以及人與人之間的合作、敵對關係，運用這些方法去改變命運才是吾人學習八字的主要目的。

識得陰陽兩路行　富貴達京城

不識陰陽兩路行　萬丈火深坑

第一篇

如何看懂八字

很多人對八字著迷，給人看命對方竟可以說得如此準確，並能預知未來事，就想親自來瞭解，但是八字書第一段就是講五行、天干及地支，接下來說明刑、沖、會、合、害的關係，在接下來講十神六親以及神煞，以上光背這些已經令人頭暈目眩了，看到浩瀚無涯的書本，大部分都望書興嘆而束之高閣了。

想要瞭解八字第一件事情一定是先看個人的八字來對照吉凶，這是每個人共通的想法，因此，我想先教大家先以自己的八字命盤為腳本，再講到五行、天干及地支，接下來說明刑、沖、會、合、害的關係，可以把自己的命盤以及親友的命盤來對照，這樣才能深刻體悟並且有興趣研究下去。

但是，不瞭解上述八字的基本關係，如何排命盤呢？其實，坊間網路、手機的 APP 程式或外面銷售的軟體都有八字排盤，讀者可先行下載來運用。我的經驗值是利用手機軟體，只要到 PLAY 商店搜尋八字的關鍵字，如「論八字、八字論命」等，就有很多免費的八字程式可供排盤。

學習八字的第一件事情，就是排盤軟體上輸入本身的出生年月日時，然後把它印出來或抄下來，在學習時一邊瞭解內容一邊對照自己的狀況，一般我們在學習的過程中，都會想瞭解自己以及自己周遭認識的人的個性、將來及目前的成就，以及何時發生某事拿來對照，這樣才能提升自己學習興趣及能力。

本書無法免俗的，還是會介紹如何排盤，但是現在是資訊時代，電腦排盤很方便，能避免我們無須浪費太多時間在排命盤。等到以後更有興趣了，想成為專業人士時，再來學習。

學八字的好處

1 瞭解自己

學會八字之後，第一件事情就是幫自己排一個命盤，從八字盤中可以了解自己一生中的吉凶、流年、個性、健康、財運……同時也會瞭解自己的優、缺點以及待人處事之道，知道自己的本性、缺點後，就會想辦法去改，而不會怨天尤人，抱怨造物者不公云云。從中也可以改變自己的個性，這也是本人學八字所體悟的。

2 避凶趨吉

從八字四柱的關係，以及流年、月、日與四柱的冲、合、會、刑、害去探討，可以瞭解一個人的吉凶禍福，該如何化解或者避煞。比如說：今年走劫財，就會有人找你做生意或者是會損失一大筆錢，這時用錢就要很小心，小心被劫掉。

3 自助助人

瞭解自己以後，接下來就是替自己的家人、親朋好友算一下，提醒他們哪一年會發生何事？提早準備或避免。這樣一來也等於在行善幫助人了。

4 變化氣質改善人際關係

學八字可以看出自己的優、缺點，有則改之、無則嘉勉，改變自己的壞習慣後，會讓人容易親近，創造出更好的人際關係。

5 提升競爭力

學八字可以知己知彼，可以利用空間、時間與人之間的互動，避開自己不利的地位並提升自己的優點。

6 培養第二專長

坊間求神問卜的人很多，若對八字學有所精進也能幫人解惑、趨吉避凶。

五術跟五行

我們常稱五術（山、醫、命、卜、相）都跟五行、天干、地支以及八卦有密不可分的關係。

如下圖：

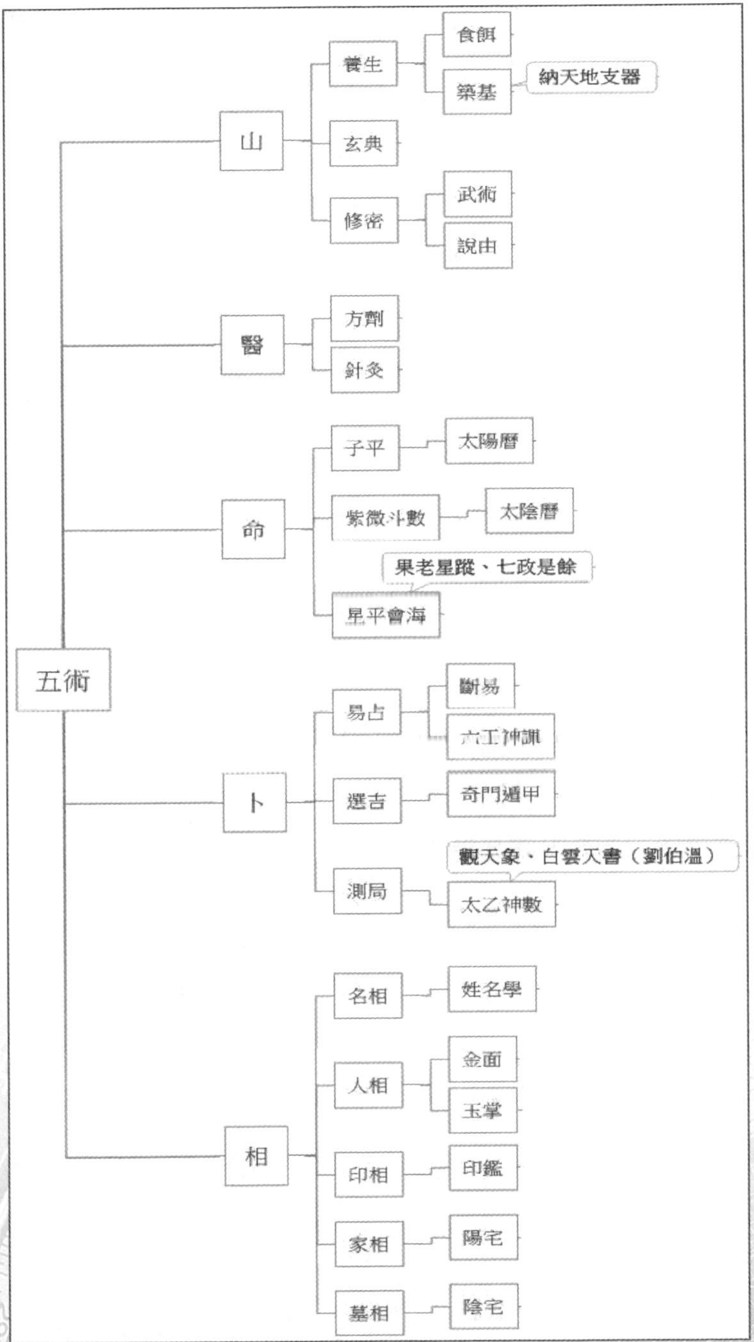

所以萬法歸宗，學會五行之術也會對五術略窺一二了。

何謂八字命盤

簡單的說就是把個人出生的年、月、日、時依照干支的記法寫下，因為年、月、日、時干支共為八個字，所以俗稱八字。又因為年柱干支、月柱干支、日柱干支及時柱干支，又稱為四柱。不管八字也好、四柱也好，我們把它的順序、組合、各柱代表的意義做個圖表，以方便查看。

論斷八字的技巧:

1. 看四柱的關係
2. 看身強、身弱
3. 看喜神、忌神及用神
4. 看地支的沖、合、會、刑、害的關係
5. 看各柱十神的關係
6. 看五行分配
7. 看流年十神、藏干十神、大運的關係
8. 看花、馬、庫的關係
9. 看卦位的關係

果	花	苗	根	
49~64 歲	34~48 歲	17~32 歲	1~16 歲	
時柱	日主	月令	年柱	
				十神
家庭 事業 子孫 部屬	我 外在性情	兄弟 姊妹 朋友 同事	父親 祖父 長輩 上司 環境	天干
家庭 事業 子孫 部屬	配偶 創業點 疾惡宮	我 內在性格	母親 祖母 長輩 上司 環境	地支
				藏干
事業、子孫、身材體型、晚年運	身體健康、財祿、配偶、感情好壞、觀照自在	個性、長相、兄友交情	祖上環境、交際、福德、投資環境	看盤重點

基礎篇

八字學乃依據個人之出生年、月、日、時（農曆）換算成天干地支共得八個字，再依此八個字之間的互相關係而判斷其一生命運的一門學問。

八字學大體有兩大系統普遍流傳於民間，其一為正五行八字學，另一為神煞八字學。

所謂正五行八字學，就是八字間之關係，純粹以八字天干、地支和五行生剋制化以及沖、合、會、刑、害的關係來推斷命運之吉凶盛衰。

而神煞八字學，就是從八字間找出神煞各星，再以各星之屬性來判斷命運之吉凶盛衰。

一般都會以正五行並參考神煞以判吉凶。

1 陰陽

1.1 易經中混沌之初，太極生兩儀，兩儀生四象，四象變八卦。八卦衍生出六十四卦。因此天地，陰陽、前後、左右、男女、日月、奇偶、凹凸、明暗、空實……都是陰陽對立、互為消長的關係。所謂孤陰不生、孤陽不長。陰陽和合才能孕育萬物。

1.2 談陰陽、表裡、虛實、寒熱這些都代表五行的變化。

督	外	氣	上	男	熱	日	陰	表
任	內	血	下	女	寒	月	陽	裡

2 五行的關係

2.1 五行：金、水、木、火、土。

2.2 特性：

2.2.1 金（收斂）：金性形聚，其形散離。

2.2.2 水（流下）：水性向下，其形在上。

2.2.3 木（條達）：上生樹葉，下長根鬚。

2.2.4 火（上炎）：火性向上，其形在下。

2.2.5 土（散離）：土為四方，其形散離。

2.3 相生：木生火、火生土、土生金、金生水、水生木。

2.4 相剋：木剋土、土剋水、水剋火、火剋金、金剋木。

我們來用圖表來說明相生、相剋，這樣比較容易清楚瞭解。

圖中：外環為相生的關係，內側交叉微星形則是相剋。也就是說：木生火而火來生土，這是相生的關係，要是隔一個屬性，反倒變成相剋了。這樣用圖形來說明生剋就會比較容易記住。

徐大升曰：

金賴土生　土多金埋　土賴火生　火多土焦

火賴木生　木多火窒

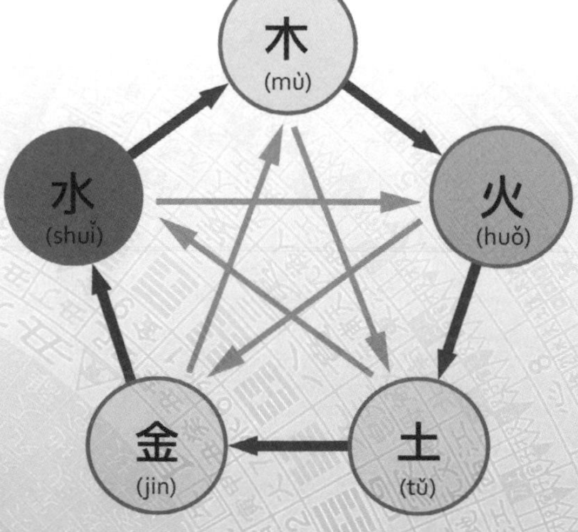

木賴水生　水多木漂
金能生水　水多金沉
木能生火　火多木焚
火能生土　土多火晦
金能剋木　木堅金缺
土能剋水　水多土流
火能剋金　金多火熄
金衰遇火　必見銷熔
水弱逢土　必為淤塞
木弱逢金　必為砍折
強金得水　方挫其鋒
強木得火　方化其頑
強土得金　方制其害

水賴金生　金多水濁
水能生木　木盛水縮
土能生金　金多土變
木能剋土　土重木折
水能剋火　火炎水熱
火弱逢水　必為熄滅
土衰遇木　必遭傾陷
強水得木　方洩其勢
強火得土　方正其燄

古人講這麼多，要背起來不容易，我們把它歸納一下，就比較好記了。

生：

土多金埋　火多土焦　木多火窒　水多木漂　金多水濁

洩：

水多金沉　木盛水縮　火多木焚　土多火晦　金多土變

剋：

木堅金缺　土重木折　水多土流　火炎水熱　金多火熄

衰：

金衰遇火銷熔　火弱逢水熄滅　水弱逢土淤塞

土衰遇木傾陷　木弱逢金砍折

強：

強金得水剉其鋒　強水得木洩其勢　強木得火化其頑

強火得土正其燄　強土得金制其害

3 五行所屬

五行	木	火	土	金	水
屬性	植物	溫度	土壤	礦物	河流
	條達	上炎	往來	收斂	流下
數字	1　2	3　4	5　6	7　8	9　0
方位	東	南	中	西	北
天干	甲乙	丙丁	戊己	庚辛	壬癸
地支	寅卯	巳午	辰戌丑未	申酉	亥子
五色	青	赤	黃	白	黑
五臟	肝	心、心包	脾	肺	腎
腑	膽	小腸、三焦	胃	大腸	膀胱
季節	春	夏	四季	秋	冬
五行	木	火	土	金	水
五氣	燥	焦	香	腥	腐
五常	仁	禮	信	義	智
五味	酸	苦	甘	辛	鹹
五液	淚	汗	涎	涕	唾
五音	角	徵	宮	商	羽
五聲	呼	笑	歌	哭	呻
五藏	魂	神	意	魄	志
五志	怒	喜	思	憂	恐
五色	青	赤	黃	白	黑
五官	眼	舌	唇	鼻	耳
九星五行	三碧 四綠	九紫	二黑 五黃 八白	六白 七赤	一白

卦理與其他數理變通應用圖

五行之旺相休囚死

3.1 當生者旺、所生者相、我剋者死、剋我者囚、生我者休

3.2 木：旺於春、相於冬、休於夏、囚於四季、死於秋

3.3 火：旺於夏、相於春、休於四季、囚於秋、死於冬

3.4 土：旺於四季、相於夏、休於秋、囚於冬、死於春

3.5 金：旺於秋、相於四季、休於冬、囚於春、死於夏

3.6 水：旺於冬、相於秋、休於春、囚於夏、死於四季

五行之旺相休囚死易見表

見表，我們只要先瞭解季節，先有春再有夏，之後放上四季，再放入秋及冬，然後，同氣者為旺，如木生於春天（春屬木），旺了以後就休息了，休息以後叫被囚，囚太久了就死了（沒有生氣），死後重生為相。這樣就比較好背了。

	春	夏	四季	秋	冬
木	旺	休	囚	死	相
火	相	旺	休	囚	死
土	死	相	旺	休	囚
金	囚	死	相	旺	休
水	休	囚	死	相	旺

4 十天干：甲乙丙丁戊己庚辛壬癸

4.1 陽干：甲丙戊庚壬

4.2 陰干：乙丁己辛癸

5 十天干與方位五行

5.1 東方甲乙木

5.2 南方丙丁火

5.3 中央戊己土

5.4 西方庚辛金

5.5 北方壬癸水

圖解天干五行

我們再把十二地支也放進去，就變成

東方甲乙寅卯木

南方丙丁巳午火

中央戊己辰戌丑未土

西方庚辛申酉金

北方壬癸亥子水

我們把天干、五行配合方位以及相生、相剋做一個圖表就能看出端倪，也不用去死背了。

			南			
		丙		丁		
		巳		午		
			火			
乙卯		辰		未		庚申
東	木	己		戊	金	西
甲寅		丑		戌		辛酉
			水			
		癸		壬		
		子		亥		
			北			

十天干合化

甲己合化土—甲為己之官，己為甲之財。
乙庚合化金—庚為乙之官，乙為庚之財。
丙辛合化水—丙為辛之官，辛為丙之財。
丁壬合化木—壬為丁之官，丁為壬之財。
戊癸合化火—戊為癸之官，癸為戊之財。

十干合化之特性

甲己合化土—中正之合。
乙庚合化金—仁義之合。
丙辛合化水—威制之合。
丁壬合化木—淫暱之合。
戊癸合化火—無情之合。

十天干之相剋

歌訣：

異性相生、其力必盡生
同性相生、其力不盡生
異性相剋、其力不盡剋
同性相剋、其力必盡剋

所以：十天干中陽對陽、陰對陰為無情之剋。

甲剋戊 —甲（陽木）剋戊（陽土）
乙剋己 —乙（陰木）剋己（陰土）
丙剋庚 —丙（陽火）剋庚（陽金）
丁剋辛 —丁（陰火）剋辛（陰金）
戊剋壬 —戊（陽土）剋壬（陽水）
己剋癸 —己（陰土）剋癸（陰水）
庚剋甲 —庚（陽金）剋甲（陽木）

辛剋乙——辛（陰金）剋乙（陰木）

壬剋丙——壬（陽水）剋丙（陽火）

癸剋丁——癸（陰水）剋丁（陰火）

十天干與周遭事物之比對

甲木：高樹、樹林、電線桿。

乙木：矮樹、樹叢、花草園、矮籬笆。

丙火：強光、大燈、燃燒爐、焚化爐、高熱爐。

丁火：弱燈、燭光。

戊土：山、高大建築、空曠土地。

己土：小空地、道路。

庚金：高大金屬物、大型機械、斧。

辛金：小金屬物、小型機械、飾金、玉石、金屬工具。

壬水：大湖、海洋、波濤大水、大溪流。

癸水：泉水、露水、小溪流、小池塘。

十天干與臟腑之關係（內在）

甲膽　陽木
乙肝　陰木
丙小腸　陽火
丁心　陰火
戊胃　陽土
己脾　陰土
庚大腸　陽金
辛肺　陰金
壬膀胱　陽水
癸腎臟　陰水

以上是以日主的天干為主，讀者可以把自己及親友的日主天干拿來對照一下，就可以知該人外表的個性（天干為外表，地支為內在）。

歌訣：

甲膽乙肝丙小腸、丁心戊胃己脾鄉
庚屬大腸辛是肺、壬是膀胱癸腎臟

以木來說甲乙屬木　肝、膽互為表裡
以火來說丙丁屬火　小腸、心互為表裡
以土來說戊己屬土　胃、脾互為表裡
以金來說庚辛屬金　大腸、肺互為表裡
以水來說壬甲癸屬水　膀胱、腎臟為表裡

為什麼我們要看臟腑的關係？將來我們在八字排盤時，看到五行所代表的生剋制化，就可以瞭解該命主的健康關係，以及流年到時會發生哪些疾病？所以，還是得瞭解才好！

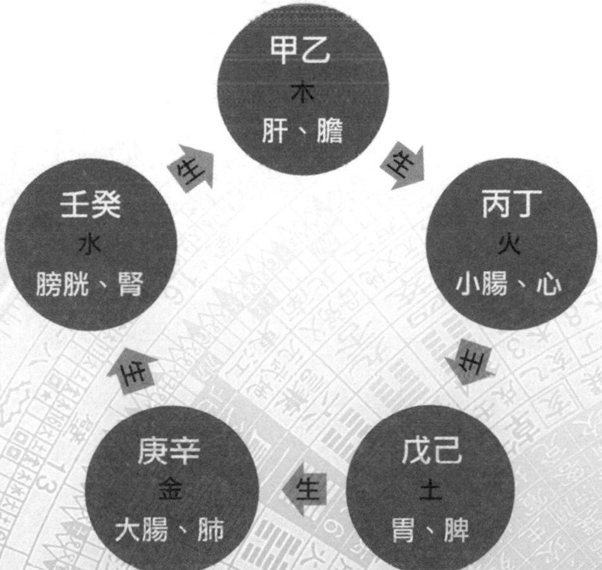

十天干與身體各部位之關係（外表）

甲	頭
乙	項
丙	肩
丁	心
戊	脅
己	腹
庚	臍
辛	股
壬	脛
癸	足

天干除了代表（內在）臟腑之關係也代表（外表）身體各部位之關係，在以後討論天干的刑、沖、會、合害時，可以驗證所傷的是身體外部或是內部臟腑的傷害。

歌訣：

甲頭乙項丙肩求
丁心戊脅己屬腹
庚是臍輪辛屬股
壬脛癸足一身由

十天干與身體各部位（外表）與臟腑（內在）之關係

	五行	身體	臟腑
甲	陽木	頭	膽
乙	陰木	項	肝
丙	陽火	肩	小腸
丁	陰火	心	心
戊	陽土	脅	胃
己	陰土	腹	脾
庚	陽金	臍	大腸
辛	陰金	股	肺
壬	陽水	脛	膀胱
癸	陰水	足	腎臟

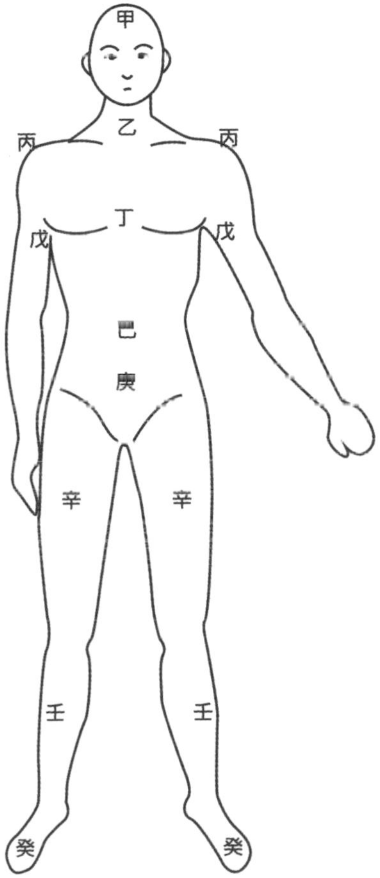

十天干之十二長生局

長生、沐浴、冠帶、臨官、帝旺、衰、病、死、墓、絕、胎、養。

長生：如人之初生或植物發芽一般。

沐浴：人出生後沐浴去垢，或如果芽脫青殼一般。

冠帶：人長大必有禮服以成，如蛹成蝴蝶一般。

臨官：人到中壯年，必須治事一般。

帝旺：人的體力、智力、事業發展到最高階段。

衰：物極必返，開始走下坡。

病：衰盛則病，已無力氣。

死：氣盡元絕。

墓：造物收藏，各歸其庫。

絕：前氣已絕，後氣將續。

胎：後氣繼續，結聚成胎。

養：如人養胎於母腹中一般。

這也是人一生的循環，剛出生時為長生，接下來幫嬰兒洗澡沐浴，等到十八歲長大時有加冠之禮就是冠帶，然後上京考取功名就是臨官，等到位極人臣時就是帝旺，由盛而衰，然後生病，最後亡故就是死，接著下葬墓，靈魂死絕，然後投胎，在母親的子宮裡滋養，接著又長生。這就是人一生的循環，我們就會放入四柱裡，代表一生的變化。

甲木：長生在亥　沐浴在子　冠帶在丑　臨官在寅
帝旺在卯　衰在辰　病在巳　死在午
墓在未　絕在申　胎在酉　養在戌

乙木：長生在午　沐浴在巳　冠帶在辰　臨官在卯
帝旺在寅　衰在丑　病在子　死在亥
墓在戌　絕在酉　胎在申　養在未

丙火：長生在寅　沐浴在卯　冠帶在辰　臨官在巳
帝旺在午　衰在未　病在子　死在酉
墓在戌　絕在亥　胎在申　養在丑

丁火：長生在酉　沐浴在申　冠帶在未　臨官在午
帝旺在巳　衰在辰　病在卯　死在寅

墓在丑　絕在子　胎在亥　養在戌

戊土：長生在寅　沐浴在卯　冠帶在辰　臨官在巳
帝旺在午　衰在未　病在申　死在酉
墓在戌　絕在亥　胎在子　養在丑

己土：長生在酉　沐浴在申　冠帶在未　臨官在午
帝旺在巳　衰在辰　病在卯　死在寅
墓在丑　絕在子　胎在亥　養在戌

庚金：長生在巳　沐浴在午　冠帶在未　臨官在申
帝旺在酉　衰在戌　病在亥　死在子
墓在丑　絕在寅　胎在卯　養在辰

辛金：長生在子　沐浴在亥　冠帶在戌　臨官在酉
帝旺在申　衰在未　病在午　死在巳
墓在辰　絕在卯　胎在寅　養在丑

壬水：長生在申　沐浴在酉　冠帶在戌　臨官在亥
帝旺在子　衰在丑　病在寅　死在卯

墓在辰　絕在巳　胎在午　養在未

癸水：長生在卯　沐浴在寅　冠帶在丑　臨官在子

帝旺在亥　衰在戌　病在酉　死在申

墓在未　絕在午　胎在巳　養在辰

十二長生查表法

	甲	乙	丙	丁	戊	己	庚	辛	壬	癸
長生	亥	午	寅	酉	寅	酉	巳	子	申	卯
沐浴	子	巳	卯	申	卯	申	午	亥	酉	寅
冠帶	丑	辰	辰	未	辰	未	未	戌	戌	丑
臨官	寅	卯	巳	午	巳	午	申	酉	亥	子
帝旺	卯	寅	午	巳	午	巳	酉	申	子	亥
衰	辰	丑	未	辰	未	辰	戌	未	丑	戌
病	巳	子	申	卯	申	卯	亥	午	寅	酉
死	午	亥	酉	寅	酉	寅	子	巳	卯	申
墓	未	戌	戌	丑	戌	丑	丑	辰	辰	未
絕	申	酉	亥	子	亥	子	寅	卯	巳	午
胎	酉	申	子	亥	子	亥	卯	寅	午	巳
養	戌	未	丑	戌	丑	戌	辰	丑	未	辰

以日干去對應四柱年、月、日、時，即可得十二長生。

十二長生運在命局上之論法

長生：在四柱上的現象。（大吉之象）

年柱：小時受父母庇蔭，展露才華。

月柱：青年期得長官提攜，事業有展，能享幸福。

日柱：為人有品德、名望、才華。夫妻恩愛，幸福美滿。

時柱：晚運不錯，子女才華出眾，子女聰穎健康。

沐浴：在四柱上的現象。（變化之象）

年柱：幼年運變較多，父母感情也有變化，可能會離鄉。

月柱：青春期工作、事業、家庭較不安定，有較多的變動。手足意見多。

日柱：夫妻感情變化，配偶異性緣濃，較有桃花的機會。

時柱：晚年生活較不安定，有可能常搬家遷移，子女大多不住身邊。

冠帶：在四柱上的現象。（出頭之象）

年柱：少年得志，聰穎活潑，能得父母疼愛，有出名的機會。

月柱：青年期，事業可獲發展，工作一學就會。
日柱：好勝心強，有耐性，做事有始有終，中年後事業大獲進展，有名望。
時柱：晚運有不錯的機運，子女有成，老來不用煩。

臨官：在四柱上的各別現象。（豐碩之象）

年柱：出身富裕家庭，適合自營事業。
月柱：離鄉發展佳，能獨立自主，壯年左右就能步入坦途。
日柱：可承家業或繼承事業。廣結人緣，受人歡迎，可獲名望。
時柱：晚年可享豐碩生活。

帝旺：在四柱上的各別現象。（堅強之象）

年柱：家境良好，積極進取、獨立自主，充滿雄心壯志。
月柱：自尊心強，不愛受人差遣，很有骨氣也有個性。
日柱：勇敢堅忍，身處逆境會絕處逢生，不懦弱悲觀。
時柱：意志堅強，行事積極，終有所成，子女堅強鬥志。

衰：在四柱上的各別現象。（體衰之象）

年柱：出生時環境不佳，幼年備受艱辛、困頓，身體衰弱。
月柱：青年期運勢不佳，易受打擊或挫折。
日柱：婚姻運弱，異性緣差，難得有美滿狀況。
時柱：年老體衰，晚運較差，子女身體衰弱。

病：在四柱上的各別現象。（多病之象）

年柱：父母健康不佳，運勢低落之時出生，先天體弱多病。
月柱：內心悲觀消極，自尋苦惱，不思奮鬥進取。
日柱：配偶健康不佳，婚姻難得美滿。
時柱：晚年工作、事業波折，難有清閒。子女健康欠佳、多病。

死：在四柱上的各別現象。（死寂之象）

年柱：少年時性格消極，缺乏進取心。
月柱：青年期運勢低落，手足、朋友情分淡薄，無情。
日柱：婚姻關係冷淡，缺乏共識，心態難改變，易亮紅燈。
時柱：晚年多阻滯不順，子女緣薄，獲子息機會較慢。

墓：在四柱上的各別現象。（低落之象）

年柱：出生於經濟沒落家庭，幼年時較貧困。

月柱：節儉吝嗇，會儲存錢財，收入不豐。中年後方有轉機。

日柱：辛苦度日，一生變動，生活節儉。

時柱：子嗣少，或操心，晚年開花結果，可享辛勞成果。

絕：在四柱上的各別現象。（閉絕之象）

年柱：無祖業，自立創業，個性急躁激進。

月柱：不善交際，孤立，心情浮沉，一生多變。

日柱：夫妻易分離，喜新厭舊，花俏風流，衝動急躁。

時柱：對子女放任漠視，不得子女奉養。

胎：在四柱上的各別現象。（變化之象）

年柱：出生時父母變動，性格開朗，意志不堅，易受人左右。

月柱：青年期工作，事業起伏不定，時常變換工作。

日柱：能言善道，易搬弄是非，禍從口出。

時柱：如果是女命懷孕率高，易生子女。

養：在四柱上的各別現象。（養成之象）

年柱：一生中易受父母薰陶培養，與雙親緣厚。

月柱：因異性問題糾葛，會追求婚外情。

日柱：婚姻路途看似美滿、融洽。

時柱：晚年時子女孝順，會奉養晚年。

木三合爲亥卯未，故

甲陽木順行以亥為長生、子沐浴、丑冠帶、寅臨官、卯帝旺、辰衰、巳病、午死、未墓庫、申絕、酉胎、戌養。

乙陰木生於甲木死，故乙木長生在午，逆行巳為沐浴、辰冠帶、卯臨官、寅帝旺、丑衰、子病、亥死、戌墓庫、酉絕、申胎、未養。

火三合爲寅午戌（土寄火，今法以同火論，依之），故

丙陽火戊土順行以寅為長生、卯沐浴、辰冠帶、巳臨官、午帝旺、未衰、申病、酉死、戌墓庫、亥絕、子胎、丑養。

丁陰木己土生於丙戊死，故丁火己土長生在酉，逆行申為沐浴、未冠帶、午臨官、巳帝旺、辰衰、卯病、寅死、丑墓庫、子絕、亥胎、戌養。

金三合為巳酉丑，故

庚陽金順行以巳為長生、午沐浴、未冠帶、申臨官、酉帝旺、戌衰、亥病、子死、丑墓庫、寅絕、卯胎、辰養。

辛陰金生於庚金死，故辛金長生在子，逆行亥為沐浴、戌冠帶、酉臨官、申帝旺、未衰、午病、巳死、辰墓庫、卯絕、寅胎、丑養。

水三合為申子辰，故

壬陽水順行以申為長生、酉沐浴、戌冠帶、亥臨官、子帝旺、丑衰、寅病、卯死、辰墓庫、巳絕、午胎、未養。

癸陰水生於壬水死，故癸水長生在卯，逆行寅為沐浴、丑冠帶、子臨官、亥帝旺、戌衰、酉病、申死、未墓庫、午絕、巳胎、辰養。

這麼複雜的十二長生訣要背起來很麻煩，我們用一個圖表來看就簡顯易懂了。

首先我們先瞭解它的順序，即長生、沐浴、冠帶、臨官、帝旺、衰、病、死、墓、絕、胎、養。然後做一個表格如下：

先按照地支十二宮排好，然後記住每個天干的長生在地支的哪一個宮位。

如：甲長生在亥、丙戊長生在寅、庚長生在巳、壬長生在申。

所以陽天干甲、丙戊、庚、壬放在亥、寅、巳、申四個宮位即得下圖。

這樣我們就把陽天干長生圖填入地支十二宮裡。

食指	中指	無名指	小指
庚 巳	午	未	壬 申
辰			酉
卯			戌
丙戊 寅	丑	子	甲 亥

乙長生在午、丁己長生在亥酉、辛長生在子、癸長生在卯。

乙在甲所在亥的對宮巳再進一位午宮，同樣進四位依序為酉、子、卯宮，放入丁己、辛、癸，這樣我們就把陰天干長生圖填入地支十二宮裡。

即得下圖：

食指	中指	無名指	小指
巳	乙 午	未	申
辰			丁己 酉
癸 卯			戌
寅	丑	辛 子	亥

我們把陽天干及陰天干的長生圖合併後即得：

由此可以看出，陽天干甲、丙戊、庚、壬（順數）分別佔在寅申巳亥（四偶），因為亥水生甲木，所以甲長生在亥。寅木生丙火，所以丙戊長生在寅。巳土生庚金，所以庚金長生在巳。申金生壬水，所以壬水長生在申。順數三宮，而陰天干為逆生，因為乙木生午火，所以乙長生在午。巳土生酉金，所以丁己長生在酉。辛金生子水，所以辛長生在子。癸水生卯木，所以癸長生在卯，如乙、丁己、辛、癸（逆數）則在甲所在位置（亥）宮的對宮（巳）隔一位（午宮）開始順數隔三位即是。

這樣用手指就可以算出十二長生局了。

食指	中指	無名指	小指
庚 巳	乙 午	未	**壬** 申
辰			丁己 酉
癸 卯			戌
丙戊 寅	丑	辛 子	**甲** 亥

十天干的個性（日主）

甲（陽木）：

心性仁慈，為十天干之首為領導格，領袖慾強，喜歡領導，不甘心屈於人下。樂當老闆，愛從事業務工作，外表平靜內心不服輸，腳踏實地因為大樹紮根深，心地善良（木屬仁）刻苦耐勞，心腸軟易被利用，不喜暗鬥，爭到了理卻傷了感情。

甲木之人多半較高、瘦，唯易疲勞，須注意肝膽。

甲木的人為什麼仁慈？因為他是大樹，一直往上延伸長出樹葉給人遮蔭，具備善良的心，看起來很複雜，因為葉片多，其實單純純樸，屹立不搖，所以不甘屈於人下才永不低頭，唯被當砍之時才會低頭（甲木怕庚金），唯有懂得謙卑懂得低下認輸才得成功之道，一生中易犯傲慢，要學會服人，成功即不遠。

乙（陰木）：

為柔弱之木，為攀藤類。只須放根竹竿（目標）在其旁任其攀延，自然會朝目標順利前進，但須先取得其認同感。較為沉著並懂得順勢而上，樂當幕後老闆，善參謀，謀略高，有彈性（草本植物），行事默默進行不欲人知，不愛出名，不喜明爭，適合做專案，企劃，喜歡思考，好交友，朋友多，溫和謙柔並懂蓄勢待發。

最好依附在甲木邊或土邊，給他目標，他會照目標去做。容易疲勞及脖子痠痛，須注意頭、肝、膽、胃。乙木表面柔弱，臉皮薄不會刻意表達，怕熱（源自木生火），內在韌性極強，乙木適應力較佳，故身處苦境亦可以生存，喜附合他人，不愛出頭，寧默默策劃，一步一腳印，須刻意教育，

乙木要注意手指頭，卯本十指內肝方，卯為乙木，要保養十指，否則易臨老時手指痲痺或中風傾向，另注意脾胃，木剋土，土主脾胃，肝及脾胃不好就賺不到錢，屬木者要定、靜，以免三心二意難成事。

丙（陽火）：

熱情熱心喜歡照顧別人，有愛心有禮貌，個性積極，好權勢並好女色，另好名也好客，擔心熱心過頭。內心豐富而善於表達，交友滿天下、知心無幾人，性格不拘小節，為朋友的忠實聽眾，但聽後常不當一回事。易發脾氣，卻也收得快，須注意心、血壓、小腸、眼睛及肩的問題。

丙火到處散發熱力，易吸引他人注意，一上台引起焦距，適合當台上之人（公眾人物），因火為上炎，往往因其愛熱鬧，但不知妥善收場，單獨時亦感孤獨，對他人照耀無窮。

火除了光度以外沒有實質的表象，丙火極有愛心，往往是最佳義工。

丁（陰火）：

有禮貌，知禮敬長，疼惜晚輩，為人熱心、關懷別人，熱心公益，外表沉穩內心急躁，易樹敵，有第六感，直覺性強能洞察人心，重視第一印象且會靜觀其變，看別人很準卻看不清楚自己。內心感情豐富不善表達，善妒，悶騷型，須注意心、血壓、小腸、眼睛等問題。

丁火為陰火燃燒自己照亮別人，很容易看到外界是非，想當是非人卻容易捲入是非中，翻臉就像翻書一樣。感覺敏銳，丁火記憶力強，與丙火不同的是，丙火為重點式記憶，丁火則為細節。其本身就像一盞明燈，為文明的象徵，屬火好恨故容易傷心，因其恨鐵不成鋼，要以水的心態來化解，屬火者要虛心並懂得沉澱自己為上策。

戊（陽土）：

固執不自覺，易堅持己見，但富同化力，外柔內剛易親易離，沉著雅量，易沉於情慾之中，善於照顧別人，心腸慈悲，適應力強且逆來順受，總默默耕耘但經常不受賞識，故有懷才不遇之感。

為人重誠信，行事墨守成規收斂，性格成熟適做文書，須注意胃脾及腹部的毛病。戊土為陽土，為高山之土，因近太陽故為燥土，外表沈靜時則內心急躁，因其為高山土不易被挖掘，但實則內在豐富，需要有伯樂賞識。

土主信，信能四端（木火金水）包天下，戊土固執喜舊事物，也不喜歡搬遷，但承諾會守信到底，絕不拖拉。土是一座寶山，內有無窮寶藏等人去發掘，所以極需有伯樂去瞭解他，自己也要隨時充實自己，不然寶山被挖空了，只能當垃圾山去處理了。

己（陰土）：

固執不自覺，堅持己見，重義氣並善理事，好溝通，會黏人，外表溫和內帶猜忌、叛逆，包容性強但也常感懷才不遇，講信用，須注意脾、胃、腹部。

己土為濕土，可塑性強，就像黏土一樣易塑造，其雖固執但給予方向後即可堪造成器，此為其特性。己土交友廣闊，三教九流皆有，因其黏人特性故交友層面不受限且寬廣。

若己土八字命盤中有乙木，此己土則具有一個山頭又打過一個山頭，為善打天下之人，土不畏木盛不畏水狂，但切記要叮嚀以免拖拉特性顯現。其好怨，覺事端因其而生卻不受重視，不如轉換心態和方法，只須以信及愛心去幫助需要之人。屬土者缺乏安全感，所以要學會安心。

庚（陽金）：

講義氣，是非分明果斷勇決，不畏強勢，不喜歡拐彎抹角，非常強勢對事件的批評，喜歡單刀直入，易得罪人。個性不拘小節，卻眼光犀利威覺敏銳，氣魄佳，好權勢，好鬥爭，尤以申酉月生者更甚。目美音佳皮膚白皙，外表貴氣性格內斂，無心機。為白手起家，貪做怕沒工作（其實怕沒錢），義氣過頭則為義字倒寫（我王八）。

有過敏原，應注意筋骨及肺、支氣管、大腸、牙齒等問題。

庚金說話直接，像大斧的特性，說出重點卻易得罪他人，屬金者多白手起家，因喜歡親力親為；若八字命盤土多則較難出頭（土多金埋），但若火來旺金，則加添柔軟度轉能伸能屈。

辛（陰金）：

剛義勇邁，上進不虛榮，耐力佳，行事循序漸進，追求理想不遺餘力，重義氣，拘小節，眼光犀利感覺敏銳，溫文儒雅較柔性婉約，有氣質，有貴氣，口才佳（有時會拐彎抹角）。

對事情批判喜用冷嘲熱諷，會讓人家很不舒服，神經質。白手起家，一生為金錢煩惱（有錢無錢均煩），應注意筋骨、肺、支氣管、大腸、牙齒等毛病。

辛金非常神經質，睡眠品質欠佳，晚上難入眠，要保暖，辛屬氣節變化，萬物凋零，辛者言萬物之辛苦（新生），相別於庚金大斧的特性，辛金像扁鑽一樣，威力有其，一旦發揮其特質會冷嘲熱諷令人難受，其命有兩極化，不是大好就是大壞。

辛金喜歡論斷對錯，適走法律，須以中庸之道化解，屬金者實際，處理事情宜三思而後行。

壬（陽水）：

才智高，理性佳，重責任，交際廣人緣佳，能見風轉舵，外表平靜膽大心細，事業容易有成就，好求變，個性不服輸，做事大而化之，其為最佳業務員（適應力及韌性皆強），走運時企圖心強，如海洋般大水滔滔不絕，但易聰明反被聰明誤。應注意膀胱和腎（泌尿系統）。壬水如大海般，行事前工具要率備充足，壬水喜歡賺大錢（山管人丁水管財），其有高度的才華及崇尚自然。

癸（陰水）：

聰明，看似平靜內心澎湃洶湧，巧於臨機應變，有遠見，個性內向保守，節儉，有潔癖。正直踏實，感情脆弱，有神經質，喜歡幻想，擁有浪漫情懷。交際廣人緣佳，善於經營事業也很容易成功。如小溪流般容易想太多，某些時候會很直，但也會聰明反被聰明誤，應注意膀胱、腎、足的毛病。其本身平衡感較差，水的出竅孔在耳朵，容易失去平衡感。癸水超愛乾淨，反而容易生病（因不能融入別的菌）。

其行事及企劃，因其多元性，亦是個時事家，喜歡瀏覽時事資訊，其好煩，大小事都要管，當腎及心臟不好就賺不到錢，最重要要是懂得捨，捨得一切真得真。

日主天干五行特性及人格分析表

天干	五行	屬性	特性	優點	缺點
甲	木	仁	大樹	富有學習心，有毅力，正直不馬虎，不輕薄、能助人，能體諒人，有責任感	頑固不知變通，欠缺敏捷，過於主觀，會過度干涉別人，超過臨界點後會崩潰
乙	木	仁	小草	柔順溫和，表現力豐富，敏捷反應快，具協調性，不堅持己見。善理財，情緒管理能力佳，韌性強。	易見風轉舵，佔有慾強。有心機。易失去信心，性懦、依賴，經不起誘惑而受騙。易三心二意、心軟、沒主見。
丙	火	禮	太陽	開朗、直爽、慷慨不計較，待人親切，理解力強，精力充沛，做事積極，易得人好感。	性急衝動，性情飄忽不定，喜怒無常，有時慈悲，有時自大，較善變。
丁	火	禮	燈火	溫和有禮和熱情，思慮遠，行事謹慎，能犧牲奉獻，內心情感不易表達。	不善拒絕，猶豫不決，易猜忌懷疑，聰明反被聰明誤。
戊	土	信	大石	豁達穩重耿直、樂天，不善修飾，對事情計畫條理，重感情肯助人。	任性頑固，以自我為中心，欠缺通融性，無趣，喜歡奉承，好面子不主動。
己	土	信	田土 黏土	理解快，具有多種才能之人，能深入瞭解問題，有彈性不固執，喜歡充實學習。	內心複雜矛盾，心思不易集中而茫然失措，有消極妥協之傾向，容易被人利用·
庚	金	義	大刀	剛毅不服輸，積極果斷，富有正義感，不虛偽，能表現，口才佳善辯。	率直，易得罪人、衝動易與人爭執，自我表現慾強，對事粗率不細心。
辛	金	義	珠玉	對事敏感細膩，為人親切，有同情心，喜創新，人際關係好，且善惡分明，有獨特想法。	愛慕虛榮，任性，在乎外表，易貪求而失理性，意志薄弱經不起要求和打擊。
壬	水	智	大海	率性自由，悠閒樂觀，有勇氣、智慧、聰明，面對困難不退縮，文武雙全，領導能力。	圓融但稍任性，對事不易堅持而虎頭蛇尾，對異性感情心思過多。
癸	水	智	溪流 晨霧	重視規則及道德，有潔癖，內向。具有勤奮努力和耐力，思想純潔，溫和細膩冷靜。	較拘泥，易幻想不切實際，易生悲觀，感情脆弱，有神經質，重生活情趣。

十二地支與二十四節氣

何謂地支，即：子、丑、寅、卯、辰、巳、午、未、申、酉、戌、亥共為十二字。

陽支：子寅辰午申戌

陰支：丑卯巳未酉亥

十二地支與二十四節氣

月份	當令蔬菜	節氣	太陽直射
正月寅	蔥	立春	
正月寅		雨水	
二月卯	韭	驚蟄	
二月卯		春分	赤道
三月辰	莧	清明	
三月辰		穀雨	
四月巳	蕹	立夏	
四月巳		小滿	
五月午	匏	芒種	
五月午		夏至	北回歸線
六月未	瓜	小暑	
六月未		大暑	
七月申	筍	立秋	
七月申		處暑	
八月酉	芋	白露	
八月酉		秋分	赤道
九月戌	芥藍	寒露	
九月戌		霜降	
十月亥	芹菜	立冬	
十月亥		小雪	
十一月子	蒜	大雪	
十一月子		冬至	南回歸線
十二月丑	白	小寒	
十二月丑		大寒	

食指	中指	無名指	小指
立夏、小滿 巳	芒種、夏至 午	小暑、大暑 未	立秋、處暑 申
清明、穀雨 辰			白露、秋分 酉
驚蟄、春分 卯			寒露、霜降 戌
立春、雨水 寅	小寒、大寒 丑	大雪、冬至 子	立冬、小雪 亥

正月蔥、二月韭、三月莧、四月蕹、五月匏、六月瓜、七月筍、八月芋、九芥藍、十芹菜、十一蒜、十二白。

立春、雨水、驚蟄、春分、清明、穀雨、立夏、小滿、芒種、夏至、小暑、大暑、立秋、處暑、白露、秋分、寒露、霜降、立冬、小雪、大雪、冬至、小寒、大寒。

由上圖可以瞭解，我們以寅為正月，所以寅、申、巳、亥為四生之地，就是立春、立夏、立秋、立冬。四正之地即是：子、午、卯、酉，因為分別是金、水，木，火這四種五行至旺之時，所以各為春分、夏至、秋分、冬至。

而四隅之地辰、戌、丑、未為清明、穀雨、小暑、大暑、寒露、霜降、小寒、大寒。

【二十四節氣可分為四類】

●**表示寒來暑往變化：**立春、春分；立夏、夏至；立秋、秋分；立冬、冬至。

●**象徵氣溫變化：**小暑、大暑、處暑、小寒、大寒。

●**反映降水量：**雨水、穀雨、白露、寒露、霜降、小雪、大雪。

●**反映物候現象或農事活動：**驚蟄、清明、小滿、芒種。

為了便於記憶二十四節氣的名稱及順序，取二十四節氣中每個節氣一或兩個字編成的歌訣：

春雨驚春清穀天
夏滿芒夏暑相連
秋處露秋寒霜降
冬雪雪冬寒又寒

十二地支與五行

地支	陰陽	五行
子	陽	水
丑	陰	土
寅	陽	木
卯	陰	木
辰	陽	土
巳	陰	火
午	陽	火
未	陰	土
申	陽	金
酉	陰	金
戌	陽	土
亥	陰	水

地支：子、丑、寅、卯、辰、巳、午、未、申、酉、戌、亥。

十二地支與臟腑之關係：（內在看月令地支）

子陽水　鼠　23－1　膽

丑陰土　牛　1－3　肝

寅陽木　虎　3－5　肺

卯陰木	兔	5—7	大腸
辰陽土	龍	7—9	胃
巳陰火	蛇	9—11	脾
午陽火	馬	11—13	心
未陰土	羊	13—15	小腸
申陽金	猴	15—17	膀胱
酉陰金	雞	17—19	腎
戌陽土	狗	19—21	心包
亥陰水	豬	21—23	三焦

十二地支與臟腑之關係

圖表如下：

歌訣：

肺寅大卯胃辰宮
脾巳心午小未中
申膀酉腎心包戌
亥三子膽丑肝通

諧音法：

會飲大茅胃沉重
鄙視心無學會中
身旁有剩新包需
害三只膽愁肝痛

地支	子	丑	寅	卯	辰	巳	午	未	申	酉	戌	亥
陰陽	陽	陰	陽	陰	陽	陰	陽	陰	陽	陰	陽	陰
五行	水	土	木	木	土	火	火	土	金	金	土	水
臟腑	膽	肝	肺	大腸	胃	脾	心	小腸	膀胱	腎	心包	三焦

我們一邊背歌訣、一邊掐掌訣，很容易就可以背起來了。如下圖：

食指	中指	無名指	小指
脾 巳	心 午	小腸 未	膀胱 申
胃 辰			腎 酉
大腸 卯			心包 戌
肺 寅	肝 丑	膽 子	三焦 亥

十二地支與身體各部位之關係

子屬膀胱水道耳　丑為胞肚及脾鄉
寅膽髮脈並兩手　卯本十指內肝方
辰土為皮肩胸類　巳面咽齒下尻肛
午火精神司眼目　未土胃脘膈脊椎
申金大腸經絡肺　酉中精血小腸藏
戌土命門腿踝足　亥水為頭及腎囊

若依此法推人病　岐伯雷公也播揚

即：

子水：膀胱、泌尿系統、耳部。

丑土：腹部、脾臟。

寅木：膽、毛髮、血脈、兩手。

卯木：十指、肝臟。

辰土：皮膚、肩膀、胸部。

巳火：臉部、咽喉、牙齒、肛門、尾柢。

午火：精神、眼目。

未土：胃脘、胸膈、脊椎。

申金：肺經、大腸。

酉金：精、血、小腸。

戌土：命門、腿、踝、足。

亥水：頭、腎囊。

以上地支為何要談到與內臟、身體的關係？因為我們算八字時，何時沖到哪一干支？而其所代表哪個臟腑、身體？我們就可以推算可能是哪裡會受傷？要注意！

十二地支與臟腑、身體各部位之關係圖表如下：

地支	子水	丑土	寅木	卯木	辰土	巳火	午火	未土	申金	酉金	戌土	亥水
陰陽	陽	陰	陽	陰	陽	陰	陽	陰	陽	陰	陽	陰
五臟	膽	肝	肺	大腸	胃	脾	心	小腸	膀胱	腎	心包	三焦
身體各部位	膀胱泌尿系統、耳部	腹部脾臟	膽、毛髮血脈兩手	十指肝臟	皮膚肩膀胸部	面部咽喉牙齒肛門尾柢	精神眼目	胃腕胸膈脊梁	肺經大腸	精血小腸	命門腿踝足	頭男陰

十二地支與身體之關係（外在看月令地支）

午頭巳未兩肩求、左右二膊是辰申（外在看月令地支）

卯酉雙脅寅戌腿、丑亥屬腳子為陰

我們可以用地支十二宮來看身體部位，即以「午」為至陽之地，即為頭（十二地支至陽之位），而對宮「子」為至陰之地，即下陰（十二地支至陰之位），以此類推得出圖如下：

我們用身體圖來表示：

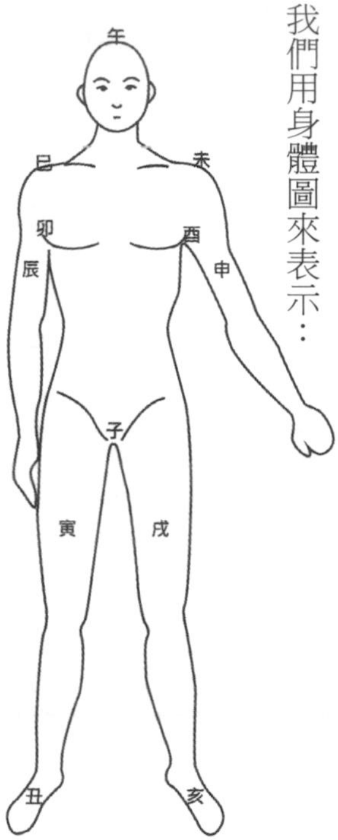

食指	中指	無名指	小指
右肩 巳	頭 午	左肩 未	左膊 申
右膊 辰			左脅 酉
右脅 卯	戊 陽土胃 己 陰土脾		左腿 戌
右腿 寅	右腳 丑	下陰 子	左腳 亥

天干地支臟腑圖

地支

肺寅大卯胃辰宮
脾巳心午小未中
申膀酉腎心包戌
亥三子膽丑肝通

天干

甲膽乙肝丙小腸
丁心戊胃己脾鄉
庚是大腸辛是肺
壬是膀胱癸腎臟

天干地支臟腑圖如下：

食指	中指	無名指	小指
丙　小腸 陽火 脾　巳	丁　心 陰火 心臟　午	小腸　未	庚　大腸 陽金 膀胱　申
胃　辰	戊　陽土胃 己　陰土脾		辛　肺 陰金 腎臟　酉
乙肝 陰木 大腸　卯			心包　戌
甲　膽 陽木 肺　寅	肝　丑	癸　腎臟 陰水 膽　子	壬　膀胱 陽水 三焦　亥

我們綜合以上的天干、地支所屬身體部位及病因如下：

天干	病因	身體部位
甲	膽	頭
乙	肝	項
丙	小腸、三焦	肩
丁	心	心、包絡
戊	胃	脅
已	脾	腹
庚	大腸	臍
辛	肺	股
壬	膀胱	脛
癸	腎	足

地支	病因	身體部位
子	膽	膀胱，泌尿系統，耳部
丑	肝	腹部，脾臟
寅	肺	膽，毛髮，血脈，兩手
卯	大腸	十指，肝臟
辰	胃	皮膚，肩膀，胸部
巳	脾	臉部，咽喉，牙齒，肛門，尾柢
午	心	精神，眼目
未	小腸	胃脘，胸膈，脊椎
申	膀胱	肺經，大腸
酉	腎	精血，小腸
戌	心包	命門，腿，踝，足
亥	三焦	頭，腎囊

所生的月份關係（月令）

寅月（虎為代表）：屬木，能幹耐勞

老虎的個性，衝動，好動，愛自由，勞碌命，坐不住。不服輸，愛當老大。愛做大事業。樂觀積極，仁慈。自我期許高，屬完美主義者。既能幹又肯做事，不怕勞苦，沉著內斂不會推卸責任，單打獨鬥本事高。愛美，不安於室。掌控能力強，為幕僚高手。若受壓力，會有「虎落平陽被犬欺」的感慨，甚至會傷到自己。

優點是爆發力強，缺點是後繼無力，不太能接受別人批評。寅月的人適合做行銷。

卯月（兔為代表）：屬木，保護色強

兔子機警，狡兔三窟。智慧高，完美主義者。有衝勁，狡猾善變但不易成功，有人緣，有桃花，機警，狡猾，防衛性強。不容易老，文靜，喜愛乾淨，心地善良。

只能接受成功不能坦然面對失敗，容易有始無終。

第六感強，直覺敏銳。屬兔的男性善於裝蒜善應對，即使犯錯也不輕易認錯。卯月為桃花，常有辦公室戀曲，會吃窩邊草。喜羅曼蒂克，異性緣佳，易得異性的幫助。兔女郎本性善良，為保護自己也會偽裝。

辰月（龍的代表）：屬土帶木，個性捉摸不定

神龍見首不見尾，愛當老大，非常自負，好高騖遠，喜奉承巴結，勢力，亦有桃花緣。思想變化快，點子多，聰明。好面子，喜歡被尊重，喜歡聽好聽的話，眼光高，做事不實際。個性千變萬化。屬龍女性比男性更善變，內心世界不容易被察覺。福報不錯，常化險為夷。多才多藝，學什麼像什麼，容易有成就，有精神潔癖的傾向。是事業好夥伴及熱心助人的好友。

巳月（蛇為代表）：屬火，心思細密聰明

蛇性情冷漠，喜鑽研、隱藏，能屈能伸。喜歡聊天，好辯不服輸，敏捷好訴訟。很會鑽研，分析力強，外表冷漠內心如火，喜歡的人說話較多。性冰冷城府深，好辯猜疑心重。冷靜沉著有眼光，數字概念清楚，善於理財，為生意上好角色。適合做業務推動。

屬蛇女性有一種神祕力量。心思細密，看來聰明，主觀強，難約束。包容力大，若觸怒之反撲

力量很強。善於自處，且能力相當強。

午月（馬為代表）：屬火，直、性直、膽大

馬放蕩不羈，奔放喜自由。好勝心強，受刺激必有回應，口服心不服，急躁，容易被設計。奔波，勞碌，憨直，性直，心腸軟。脾氣拗，敢衝敢拼，對朋友熱情，愛拍馬屁。個性樂觀，善交際，有人緣。性情不定，好惡分明，喜怒哀樂形於色，易招惹是非。急躁但欲速則不達，若能修正心性調整處世，越老越有成就。

屬馬女性多半帶有男性性格，膽子大，多操勞，閒不下來。

未月（羊為代表）：屬土又屬火，愛出風頭，特立獨行，為人親切，富人情味，一絲不苟，行事謹慎

羔羊跪乳。孝順但不知如何表達，個性膽小，注重外表，愛鑽牛角尖，打破沙鍋問到底，愛生氣。內心喜歡當領導人物，但須依附他人方能成功。對感情專注忠貞。男性屬羊，多半聰明，喜歡表現自己。

申月（猴為代表）：屬金，機靈過人

屬猴的人好動有衝勁，重義氣，坐不住。善模仿，學習力強，但只有三分鐘熱度，沒耐心。猴急，狡猾善變，喜走捷徑。觀察力敏銳，心思細膩，富機智，能力強，但欠缺穩重。喜歡招搖，異性緣好，希望自己是群體中最受注目的焦點，屬猴女性頗有女人味。

酉月（雞為代表）：屬金，大小通吃，好管閒事沒有衝勁，較悲觀

雞婆，急躁，雙重個性。熱心喜服務人群，積極主動，會較從自己利益著眼。有審美觀，自信心、自尊心、虛榮心都很強，喜歡被讚美，第六感強。

屬雞男性給人一種愛拈花惹草的感覺（酉為桃花），異性緣特別好。屬雞女性多半帶點「雞婆」個性，喜歡替人出主意，喜歡湊熱鬧，人緣很好，也很重視感覺。

戌月（狗為代表）：屬土，個性善良，喜歡照顧別人

101忠狗。講忠心，從一而終，認定人與事。信用佳，善良，固執，重感情，是好朋友及好部屬。想當老大，易突發奇想，率性而為，而有驚人之舉，不為環境而改變，好惡分明，十分謹慎，警戒心很強，不會隨便相信人。是五行高手，對研究玄學很投入。

人間福報好，常逢凶化吉，賺錢不難，不容易缺錢，但欠缺金錢觀，難有鉅額財富。想法樂觀積極，不會隱藏祕密，特別喜歡照顧別人。有時會有狗改不了吃屎的習慣，死心眼，易單戀，或被戀愛沖昏頭。

亥月（豬為代表）：屬水，癡情想不開

豬有智慧，非常注重原則，不易溝通，常把事情放心裡，外表剛毅，內心脆弱，性格矛盾，不易瞭解，善利用別人，借力使力，為生意高手。

明理，喜歡追根究底，有時會很不講道理。口才好，好辯。眼光獨特，極有開創力。但很重視口腹之慾，重享受卻不挑食。會扮豬吃老虎。

子月（鼠為代表）：屬水，機靈精算

鼠機靈、善於保護自己，介於早子時與晚子時之間，所以個性極端，捉模不定，太會盤算，常因小利而忽略大格局，易聰明反被聰明誤。

機警狡猾，聰明絕頂，善變，有始無終。做決定比人慢而損失很多機會，猶豫不決。晚上生的鼠可保衣食無憂，白天生的容易陷入困頓，若陷入往往很難脫困。

丑月（牛為代表）：屬土，本性善良，耐力十足

牛勤奮，任勞任怨。本性善良，耐力好，喜歡安定，可望有安身立命之處。勤勞且腳踏實地。脾氣很大，堅持，固執。忍辱負重，隱藏實力，對地理、命理特別敏感，也容易學會。愛追根究底（打破沙鍋問到底），宜越挫越勇（必經挫折才能成長）。

以上為月柱地支（所生的月份）的個性，讀者可以依照上述日主天干（外表）以及所生月支（內在個性）來看看自己的個性。也可以對照親友是屬於何種人物？這樣學八字就會有興趣了。

十二地支與花、馬、庫的關係

花：桃花或人緣，代表的地支為子午卯酉

馬：行動力或車關，代表的地支為**寅申巳亥**

庫：收斂或財庫，代表的地支為辰戌丑未

用圖表示如下：

巳	午	未	**申**
辰			酉
卯			戌
寅	丑	子	**亥**

論地支刑、沖、會、合、亥之判斷

【地支之刑】：精神方面的壓力與挫折

※無禮之刑：子刑卯，卯刑子

看似有氣質，眼光高，講話沒禮貌，不隨便與人交談，自視清高看到不喜歡的人，就不會去理會對方，脾氣不好。刑中最凶兆，不孝不悌，相妒不睦，剋損六親，婦人有此刑，翁姑不和，且易損孕。

※無恩之刑：寅刑巳，巳刑申，申刑寅

做到累死，別人也不會感激你，替別人打江山。有十分力，留三分可收尾。會嫌人，別人也會嫌你。做事可以做得成功，但只要有一小點做不好，就會被修理。性情冷酷薄義，易遭陷害及惡事發生，女子有此刑，易損孕。

例：寅刑巳：巳做到流汗，被寅嫌到流口水，寅不懂得感恩。看寅、巳各在何處，各代表「誰」，即可推論出誰會對誰不知感恩。

※恃勢之刑：丑刑戌，戌刑未，未刑丑

四花	申、	寅	巳	亥	無恩之刑	別人不會感恩
四馬	子	午 ←	酉	卯	無禮之刑	自視高、找不到另一半
四庫	辰	戌	丑	未	恃勢之刑	庫刑、太自信、大意失荊州、官災、是非多、花錢買經驗
	亥	酉	午	辰	自刑	

巳	午	未	申
辰			酉
卯			戌
寅	丑	子	亥

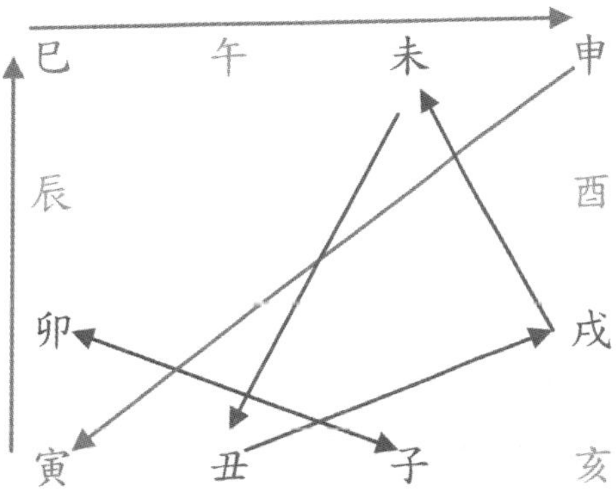

太過有自信，過於猛進，易遭挫折，無惻隱之心。剛毅且易罹災。婦人有此刑，易孤獨。

例：丑刑戌：丑對戌太有信心，自認戌可幫己一切搞定，但往往事與願違。

※自刑之刑：

心裡的鬱悶，不知道要向誰說，找不到對象說，有話不想跟別人說，有話說不出口，在心裡一點一點的累積。尤其是亥月生者更嚴重，明知不可為而為之，常拿石頭砸自己的腳，會想不開，自卑。酉，午較亥來得輕微，辰的自刑最輕微。

辰刑辰：固執，有原則，不喜歡別人左右他，喜歡獨立做老大，懷才不遇，做事有頭無尾。鬱卒型。

午刑午：好勝心強，不喜歡拐彎抹角，用話刺激他。個性極端，沒耐性，健忘。屬「馬」者，喜歡別人拍他馬屁，所以要說好聽的話，要好好溝通。

酉刑酉：講義氣，較雞婆，遇到懶散的人或不講義氣（不講理）

三合局	申子辰	寅午戌	巳酉丑	亥卯未
三會局	寅卯辰	巳午未	申酉戌	亥子丑
※無恩之刑：寅刑巳，巳刑申，申刑寅。				
※恃勢之刑：丑刑戌，戌刑未，未刑丑				
※無禮之刑：子刑卯，卯刑子				
※自刑：辰刑辰，午刑午，酉刑酉，亥刑亥				
三合局	亥卯未	寅午戌	巳酉丑	申子辰
三會局	寅卯辰	巳午未	申酉戌	亥子丑
※恃勢之刑：亥刑寅，寅刑巳，巳刑申，申刑寅。				
※無恩之刑：未刑辰，辰刑丑，丑刑戌，戌刑未				
※自刑：子刑子，卯刑卯，午刑午，酉刑酉				

的人，他會生氣，所以乾脆不說，太過熱情，變成憂鬱。

亥刑亥：聰明，智慧，明理。有事不說，鬱卒型。易有自殺傾向。

※注意：三刑逢沖必有事：本身有無恩、無禮、恃勢之刑(或缺一、二)，遇上流年、流月刑者，必有大事發生、血光甚至有性命之憂。

無恩之刑　寅刑巳、巳刑申、申刑寅

無禮之刑　子刑卯、卯刑子

恃勢之刑　丑刑戌、戌刑未、未刑丑

自刑　辰刑辰、午刑午、酉刑酉、亥刑亥

以上四刑我們唸個順口溜就比較容易背。馬無禮、花無恩、庫恃勢。辰、午、酉、亥為自刑。

【地支六沖】：撞擊力，播種，很會做事，有執行力，有衝勁，衝動，意見不合，反目。走運逢沖則發，不走運逢沖則墜。太歲流年沖向命盤較嚴重，命盤沖向流年太歲則較輕。根忌沖，逢沖小心「財」。

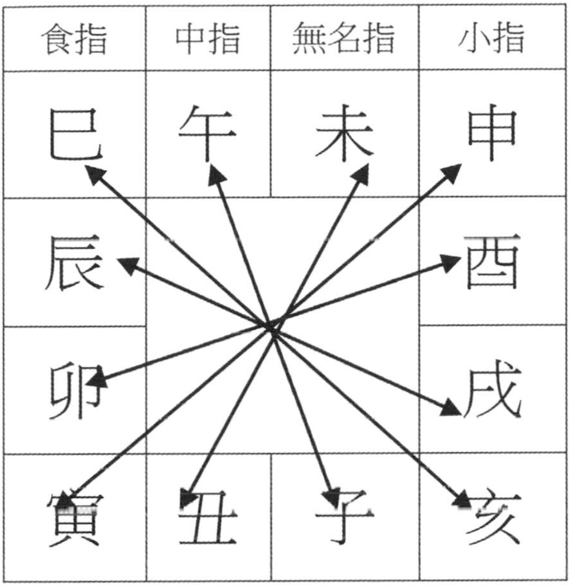

以六沖來說，對面就是沖，所以依圖所示：

子午沖、丑未沖、寅申沖、卯酉沖、辰戌沖、巳亥沖，對宮則沖。

沖：（優點）開創、積極、有衝勁。（缺點）意見不和、反目。

無沖：無神、想多做少、一生難有作為。

地支六沖　地支逢沖則動

※子午沖：水火不容，情緒不穩定，脾氣不好，個性極端。人緣很好，異性緣佳，較有發瘋機率、腦神經衰弱的現象。子午的人通常都很漂亮。

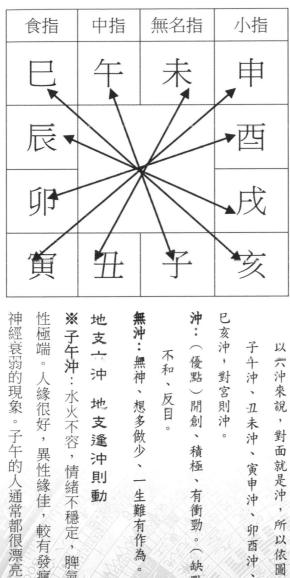

※丑未沖：愛追根究底，打破砂鍋問到底，主觀意識強烈。易賠錢，財庫沖開，開銷大。愛問，鑽牛角尖。較會跟鄰居吵架，女命易流產。

※寅申沖：忙碌，閒不住，勞碌命。開車很快，較會走大馬路。有車關，易生車禍。六親較無緣，一輩子靠自己。（同傷官見官，一生大起大落）

※卯酉沖：做事俐落，很敏銳，有第六感，眼睛銳利，人緣好，異性緣佳，心性不定（桃花沖），陰易近身。

※辰戌沖：辰與戌屬現金，庫沖庫，撞到事業宮的話，投資會失敗。不服輸，自圓其說，自找台階。愛做老大，脾氣不好，理由多，會將錯就錯歸錯於別人，做事野心大，開銷大。須注意婚姻問題。

※巳亥沖：辯才無礙，口才佳，很會辯，愛聊天，常常禍從口出，追根究底，較會鑽小巷，有車關。

子午沖：陽桃沖｝第六感較靈敏、異性緣較佳、個性極端、腦神經衰弱。

卯酉沖：陰桃沖｝通靈、狡兔三窟、個性大條。

辰（龍）戌（狗）沖：｝陰庫衝，慢慢花掉，錢慢慢流失、好鬥、好訟。

丑（牛）未（羊）沖：｝陽庫衝，一次花掉，花錢明顯、大方、自圓其說，武術高手、命理強、鑽牛角尖、過度自信。

寅申巳亥：車關或花錢在車子上

寅申：六親不認　大馬路飆車、業務人才，吵架易離家、碎碎唸。

巳亥：口才好　小路橫衝直撞、善辯不服輸，禍從口出。

有沖有機會、無沖無夢想。

我們把桃花沖、庫沖、驛馬沖，做一個表格，這樣比較清楚。

	陽	陰
桃花沖	子午沖	卯酉沖
	極端	第六感敏感
庫沖	丑未沖	辰戌沖
	追根究底，錢花掉看不到	自圓其說
驛馬沖	寅申沖	巳亥沖
車關	愛飆車，六親無緣	鑽小巷、辯才無礙

【地支三會】：三會的力量大於一切，例：日干屬木，地支有寅卯辰，或只有其中兩個＋流年來組合而成三會。寅卯辰三會東方木，對身弱者有利，對身強者不利。會特別有事情。

※寅卯辰三會東方木。
※巳午未三會南方火。
※申酉戌三會西方金。
※亥子丑三會北方水。

【地支三合】：半合是指三合中任兩個地支出現。

地支三合與日主的關係

申子辰合水局：冷漠、智慧
寅午戌合火局：熱情、積極
巳酉丑合金局：義氣
亥卯未合木局：幻想

食指	中指	無名指	小指
巳	午	未	申
辰			酉
卯			戌
寅	丑	子	亥

食指	中指	無名指	小指
巳	午	未	申
辰			酉
卯			戌
寅	丑	子	亥

※申子辰合水局：生在申，旺在子，庫在辰。

水的個性。多元化智慧，變化大，冷眼旁觀，臨時改變，冷漠自私。

※巳酉丑合金局：生在巳，旺在酉，庫在丑。

金的個性。指揮性佳，講義氣，外表威嚴較酷，有血光、肅殺之氣，講話會修飾。

※寅午戌合火局：生在寅，旺在午，庫在戌。

火的個性。熱情，前熱後冷，行動派，急性子。

※亥卯未合木局：生在亥，旺在卯，庫在未。

木的個性。幻想，不切實際，心地軟，仁慈。計畫一堆，大部分無法實現。

【地支六合】：有計畫能力，合得來，會有收成，守成，同心協力，好溝通。

地支六合

合：守成、結果、好溝通、無執行力、欠缺考慮

※子丑合火　※寅亥合木　※卯戌合火

※辰酉合金　※巳申合水　※午未合火

地支六合影響最大（力量很大），合就是拿走

子丑合火：愛面子、保守

寅亥合木：心腸軟

卯戌合火：敬業

辰酉合金：人緣好、悶騷型

巳申合水：想多做少

午未合火：不善表達好溝通

食指	中指	無名指	小指
巳	午	未	申
辰			酉
卯			戌
寅	丑	子	亥

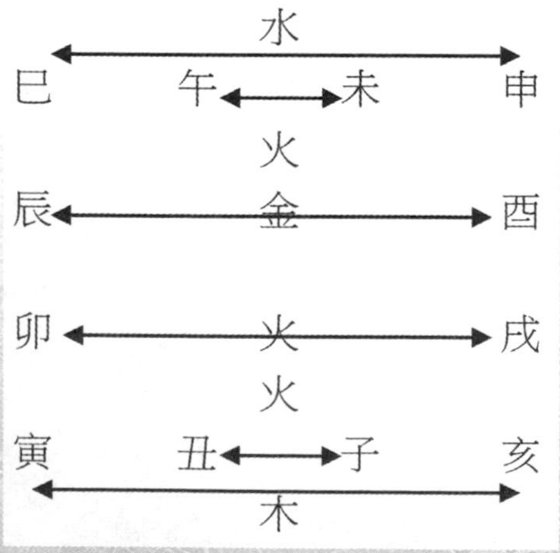

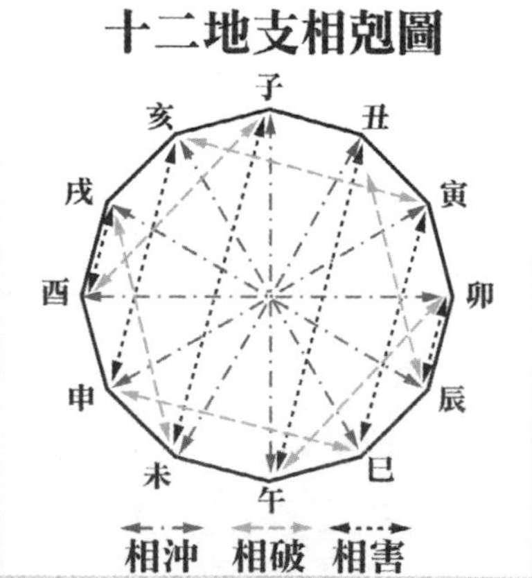

【地支六害】：分離（指人的生離死別）、變數（直線的結果），變卦，聚少離多，同床異夢，要收成時，會收不到、無緣、內心不說。

地支六害

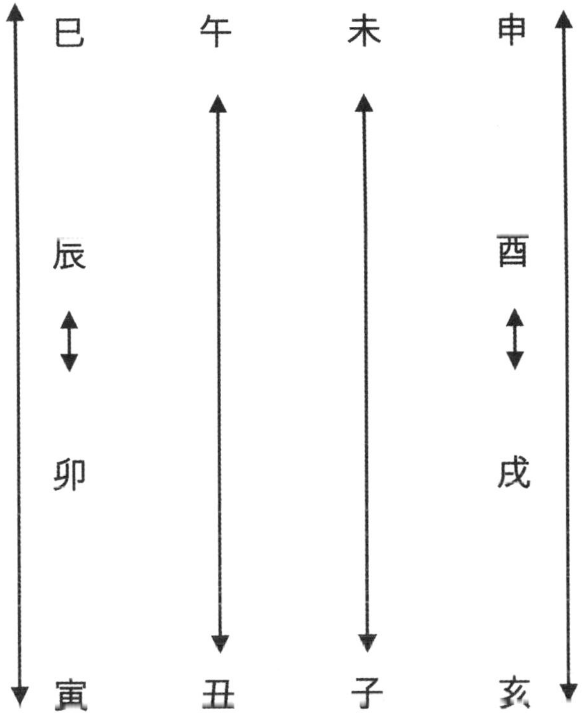

食指	中指	無名指	小指
巳	午	未	申
辰			酉
卯			戌
寅	丑	子	亥

子未害：羊鼠相逢一旦休。見面沒話說、互相要求

丑午害：從來白馬怕青牛。互鬥不定、誰也不讓誰

寅巳害：蛇逢猛虎如刀截。不見面會想念、看了就討厭、口舌

申亥害：豬見猿猴似箭投。害怕、恐嚇、威脅

卯辰害：玉兔見龍雲裡去。白手起家、思想隔閡、神龍見首不見尾

酉戌害：金雞遇犬淚雙流。每天鬥來鬥去、有被戲弄、哭笑不得、雞飛狗跳

我們再詳細的解釋一下：

※**子未害**：個性極端，容易犯小人，易換工作。貌合神離，無話可說，會要求對方。(最嚴重的害，又稱天地害，南北害)

※**丑午害**：耐性差，容易生氣，貌合神離。

※**寅巳害**：是非多，無恩情(人情)易犯小人，冷眼旁觀的態度，屬驛馬害，辯才無礙。如果離婚，也可能同住一個屋簷下。

※**申亥害**：是非多，無恩情，易犯小人。(比喻相見不如懷念，相見就吵不見又懷念)屬驛馬害。

※**卯辰害**：本身要注意，易遭周邊親人相害，殺傷力很大，好朋友扯後腿，兄弟無緣，手足無助，要他好反而害他，越親近的人，反駁力越大。

※酉戌害：與卯辰害相似，容易被近親戲弄。（雞犬不寧，哭笑不得，離婚率高）

以上的害局怎麼看？就看他們四柱的關係，年柱是長上，月柱是自己、日柱為配偶、時柱是子女、同事。就看害局勢年與月，或是月與日、月與時……等的關係來判定。甚至於流年、流月來害也要注意。

四柱（沖、合、害）的關係：

年柱：長上、上司

月柱：事與願違，做事綁手綁腳

日柱：聚少離多、夫妻吵架

時柱：工作狀態、溝通、部屬、小孩（都不好）

食指	中指	無名指	小指
巳 馬　四月	午 花　五月	未 庫　六月	申 馬　七月
辰 庫　三月			酉 花　八月
卯 花　二月			戌 庫　九月
寅 馬　一月	丑 庫　十二月	子 花　十一月	亥 馬　十月

四庫：辰、戌、丑、未（財庫）

1、**無庫：** 錢財守不住，散財童子。

2、**一庫：** 很節儉，慷慨別人，節儉自己。

3、**二庫：** 會理財（無刑、沖、害）。若庫逢沖，開銷大，難聚財。

4、**三庫：** 借錢不用還。

5、**四庫：** 身強，走運時賺進天下財。不走運時散盡天下財。

6、帶庫要注意流年，合比害嚴重（流年合就什麼都沒有）。

7、帶運時沖庫好，沖庫走財年，害庫分離。地支要有庫。

8、**辰、戌沖：** 自圓其說，自找台階，愛做老人，理中多。

財庫沖開，開銷大。好鬥，好訴訟。

9、**丑、未沖：** 打破砂鍋問到底，好鬥，鑽牛角尖，過度自信，易口角，是非多，易賠錢。財庫沖開，開銷大。凡事多阻逆。

時日月年

柱柱柱柱

□□□庫：身強能得到祖產，錢會放在父母身上。

□□庫□：節儉自己，慷慨別人。天干如為財，則財入庫。

□庫□□：配偶帶庫，聚財有力。要交錢給配偶，易堅持己見。代表結婚後才較會存錢。

庫□□□：會留不動產給子女，較疼子女。生孩子後較會存錢。

四馬：寅、申、巳、亥（驛馬星）

1、**無馬：**沒有衝勁，不適合當業務。

2、**一馬：**好動，適合做業務，願意跑。

3、**二馬：**愛橫衝直撞。旅遊，搬遷，變動，有行動力，執行力。

4、**三馬：**藝高膽大，勞碌奔波。沒有合，會亂沖，不懂收成，為錢忙。

5、**四馬：**家裡待不住，出去不知回家。難有成就。

6、**寅、申沖：**閒不住，開快車，會走大路。有車關，容易有車禍，手腳較會有問題，多情，愛管閒事。

7、**巳、亥沖：**辯才無礙，口才好，追根究底，會鑽小巷。注意車關，易生車禍。

8、**寅亥合，申巳合：**反而無衝勁，不想動。

時日月年

柱柱柱柱

□□□馬：長上好動

□□馬□：自己好動

□馬□□：配偶好動，喜歡變動家中擺飾，愛做。配偶（寅）像母老虎，（巳）愛聊天，閒不住。

不輕易把心事說出，自尋煩惱。

馬□□□：外出賺錢較易，好動。

四花：子、午、卯、酉
（桃花代表異性緣及人際關係）

1、無花：很嚴肅，異性緣差，人際關係不良。

2、一花：有人緣。

3、二花：真有人緣，早熟，漂亮。

4、三花：異性緣重，早熟，適公關。

5、四花：超有人緣，但注意道德觀。或過度自戀，孤芳自賞。

6、子、午沖：情緒不穩定，人緣很好，很有異性緣，脾氣不好。個性極端，容易腦神經衰弱。

7、卯、酉沖：敏銳，頗具第六感，眼睛銳利，人緣好，異性緣佳。較龜毛，有潔癖，做事有計畫。易受「陰」干擾。不近陰喪事務，不進陰廟。

時日月年
柱柱柱柱

□□□花：有長上緣或母親有人緣。

□□花□：自己漂亮或有人緣。

□花□□：配偶漂亮或有人緣。驕傲，無禮（尤其子卯）

花□□□：對事業有好的緣，子女有人緣。

□花花□：性慾高。月柱為自身，日柱為配偶。兩情相悅，情慾美滿。

花花花花：如果變格，反而不得人緣，耽誤婚姻。

車關

寅、申、巳、亥、卯、酉都是車關。

人際關係：與子、午、卯、酉有關或財。

最圓滿的人↓帶官。

庫藏干有殺、劫財↓沒錢。

子、午：天沖地沖，要內斂、愛表現。

卯、酉：憑第六感做事。

異性相生其力必盡生、同性相生其力不盡生

同性相剋其力必盡剋、異性相剋其力不盡剋

流年太歲——沖、合、害

太歲＼四柱	時（果）	日（花）	月（苗）	年（根）
沖	對工作特別有執行力，有衝勁。易與子女、部屬起爭執。與下游廠商也較會。	夫妻間較易吵架。若未婚，就會想結，配偶會出現，會有結婚的跡象。	內心動，心性會改變，思想有大轉變。以前不敢做的，今年都敢去做。	容易與長輩、上司起衝突，會頂回去，不會忍讓。
合	事業停滯，甚至中斷。易受子女、部屬的影響。子女、部屬或下游廠商可能會出問題。很在意事業、子女、部屬之事。	配偶易聽信外人的話，外面人一句，贏你說十句。夫妻難溝通。若未婚，會想婚也，有結婚的機會。配偶較易出現。	內心被合住，內心鬱卒，踏不出去。若月令是「亥」，遇流年來合，則有自殺傾向。	為長輩、上司、上游廠商（或母親）使你做不了事，根被合住，無動力。
害	家庭、事業、子女、部屬、下游廠商，其中有一項會起變化。	夫妻爭執，貌合神離，甚至分離。	猶如「傷官見官」，傷害內心，與內心分離，經常事與願違。輕者內心不穩，心情亂七八糟，有苦難言。	注意母親的身體，母親較易出狀況。不是給長上添麻煩就是長上讓你很煩惱，身體易出狀況。有可能搬家或換工作。

地支藏干

地支	子	丑	寅	卯	辰	巳	午	未	申	酉	戌	亥
藏干	癸	己癸辛	甲丙戊	乙	戊乙癸	丙戊庚	丁己	己丁乙	庚壬戊	辛	戊辛丁	壬甲

地支藏干歌訣：

子宮單癸水　　癸
丑宮己癸辛　　己癸辛
寅宮甲丙戊　　甲丙戊
卯宮獨乙木　　乙
辰宮戊乙癸　　戊乙癸
巳宮丙戊庚　　丙戊庚
午宮丁己土　　丁己
未宮己丁乙　　己乙丁
申宮庚壬戊　　庚壬戊
酉宮獨辛金　　辛
戌宮戊辛丁　　戊辛丁
亥宮壬甲木　　壬甲

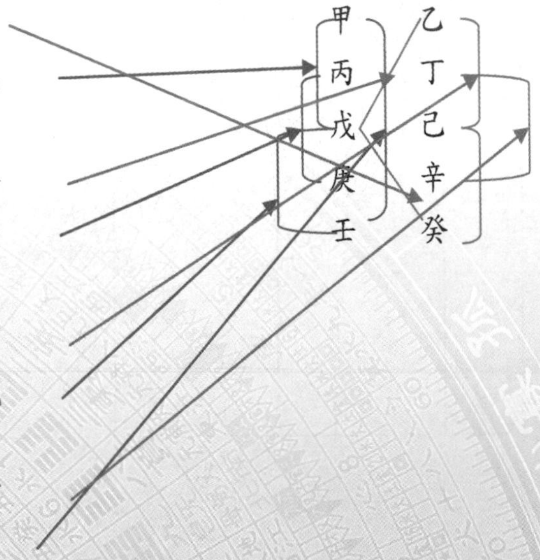

如何背誦？

我們先把十天干按照陽天干及陰天干排列，如下：

甲乙

丙丁

戊己

庚辛

壬癸

按照陽干、陰干排列得出　甲丙戊、丙戊庚、庚壬戊、壬甲四組

再把十二地支中，四馬寅、巳、申、亥對出

寅→甲丙戊

巳→丙戊庚

申→庚壬戊

亥→壬甲

以上就是四馬暗藏的天干，而且是陽天干。

同樣的，把十二地支中，四庫辰、戌、丑、未對出

丑→己癸辛

辰→戊乙癸

未→己丁乙

戌→戊辛丁

以上就是四庫暗藏的天干，而且是陰天干。

同樣的，把十二地支中，四花子、午、卯、酉對出

子→癸

午→丁己

卯→乙

酉→辛

以上就是四花暗藏的天干，而且是陰天干。

各行業之區別（日主天干）

火	燃料、瓦斯業，電熱處理業，光電業，資訊電腦業，石油業礦油業，照明業，光燭業，餐飲業，油炸物光電業，鑽石紅寶石，食品業。
土	房地產，建築，土木工程，營造業，石玉器，玻璃業，陶瓷，塑膠製品業。
金	金屬，五金業，汽車業，機械業，工具業，銀樓，各類金屬雕。
水	交通、航海事業，冷飲業，海鮮，水產，漁業，魚製品，服務業，養殖業，記帳、會計師，清潔劑顧問，企業診斷顧問，設計業，律師，知識傳播者，清潔業，澡堂。

第二篇

如何排八字

一、起年柱

將出生日期對照《萬年曆》，看此日期處於哪一年，即以其年之干支做為年柱，但應注意的是，年的開始以立春時刻為起點，而不是以農曆正月初一或國曆元旦做為一年的開始。（但是有一派是以冬至來換年柱，說法是冬至太陽直射南回歸線的最終點，也是一年的開始，不過我們還是以立春為年的開始）。如某人一九九四年二月五日生，查萬年曆為癸酉年國曆十二月二十五日，但再查立春卻是在癸酉年農曆十二月二十四日酉時交節，那麼其年柱就應該是甲戌而不是癸酉。同理若某人生於癸酉年農曆正月十二，查萬年曆得知癸酉年立春在正月十三辰時交節，那麼其年柱應該算作壬申年而不能算作癸酉年。

就是以節氣來當分水嶺，如下（以 2011 為例）：

月份　節氣　中氣　五行表

小寒 公曆（國曆）01月05日 19：12 丑月 1月 這是一年結束

大寒 公曆（國曆）01月20日 12：31

立春公曆(國曆)02月04日06：52寅月2月這是一年開始
雨水公曆(國曆)02月19日02：40
驚蟄公曆(國曆)03月06日00：51卯月3月
春分公曆(國曆)03月21日01：36
清明公曆(國曆)04月05日05：35辰月4月
穀雨公曆(國曆)04月20日12：33
立夏公曆(國曆)05月05日22：47巳月5月
小滿公曆(國曆)05月21日11：37
芒種公曆(國曆)06月06日02：51午月6月
夏至公曆(國曆)06月21日19：30
小暑公曆(國曆)07月07日13：03未月7月
大暑公曆(國曆)07月23日06：21
立秋公曆(國曆)08月07日22：50申月8月
處暑公曆(國曆)08月23日13：27
白露公曆(國曆)09月08日01：47酉月9月

秋分 公曆（國曆）09月23日11：10
寒露 公曆（國曆）10月08日17：30 戌月10月
霜降 公曆（國曆）10月23日20：37
立冬 公曆（國曆）11月07日20：46 亥月11月
小雪 公曆（國曆）11月22日18：17
大雪 公曆（國曆）12月07日13：42 子月12月
冬至 公曆（國曆）12月22日07：42

節令的含意

正月立春：

「立」是開始的意思，表示萬物復甦的春天又開始了，天氣將回暖，萬物將更新，是農事活動開始的標誌。立春是國曆的2月4日或5日。

二月驚蟄：

春雷開始轟鳴，驚醒了蟄伏在泥土裡冬眠的昆蟲和小動物，過冬的蟲卵快要孵化了，這個節氣表示春意漸濃，氣溫升高。驚蟄是國曆的3月6日或7日。

三月清明：

這個節氣表示氣溫已變暖，草木萌動，自然界出現一片清秀明朗的景象。清明是國曆的4月5日或6日。

四月立夏：

這個節氣表示夏季開始，炎熱的天氣將要來臨，農事活動已進入夏季繁忙季節了。立夏是國曆的5月6日或7日。

五月芒種：

「芒」是指穀實尖端的細毛，在北方是割麥種稻的時候，也是耕種最忙的時節，芒種是國曆的6月6日或7日。

六月小暑：

這個節氣表示已進入暑天，炎熱逼人，小暑是國曆的7月7日或8日。

七月立秋：

這個節氣表示炎熱的夏季將過，天高氣爽的秋天開始。立秋是國曆的8月8日或9日。

八月白露：

這個節氣表示天氣更涼，空氣中的水氣夜晚常在草木等物體上凝結成白色的露珠，白露是國曆的9月8口或9日。

九月寒露：

這個節氣表示冬季的開始，預示氣候的寒涼程度將逐漸加劇，寒露是國曆的10月8日或9日。

十月立冬：

這個節氣表示清爽的秋天將過，寒冷的冬天開始，立冬是公曆的11月7日或8日。

十一月大雪：

這個節氣表示降雪來得較大，大雪是國曆的12月7日或8日。

十二月小寒：

這個節氣表示開始進入冬季最寒冷的季節，會有霜凍，小寒是國曆的1月5日或6日。

年柱是四柱之根，在柱中佔有很重要的地位，如命書上常說某人是大溪水命，某人是霹靂火命，都是指年柱的納音屬性而言。

二、起月柱

月柱的起法，是以節氣為交界，每交一節氣（注意是節氣而不是中氣），則交替月柱，亦即按太陽黃經之運行軌道，將一回歸年分成十二份，用以標示四季寒暑之變化、五行盈虧之消息，命局十神之旺衰，在月令一字之分，故為四柱之提綱。

同年柱，月份也是嚴格以節氣交替時刻為標準的，而不論其陰曆、陽曆平閏與否。參照《基礎知識》篇中的節氣與干支對照表，可知從立春到驚蟄為寅月，從驚蟄到清明為卯月等，如某人生於1993年3月3日即農曆2月11日，查萬年曆得知2月11日位於立春和驚蟄之間，乃做寅月，知道了月柱的地支，再按下列「五虎遁年起月」表對照求出月干，如上例寅月對照表中年干癸查得月干為甲，即月柱為甲寅，餘倣此。

五虎遁年起月表（以生月地支對照年干查月干）

交節前為上個月的節令，交節後為下個月的節令。

舉例：2011年4月5日5點20分出生的月柱

參考2011年24節氣時間表 得知國曆4月5日11點12分是為交節分界，此時間以前為節前，以後為節後。

所以雖然是4月5日（國曆）清明節出生，但因為出生時辰在清明交節前，故其月柱仍屬春分為卯月（二月），是為辛卯月。

一月寅月二月卯月三月辰月四月巳月

從立春到驚蟄從驚蟄到清明從清明到立夏從立夏到芒種

五月午月六月未月七月申月八月酉月

從芒種到小暑從小暑到立秋從立秋到白露從白露到寒露

九月戌月十月亥月十一月子月十二月丑月

從寒露到立冬從立冬到大雪從大雪到小寒從小寒到立春

年干\月支	寅	卯	辰	巳	午	未	申	酉	戌	亥	子	丑
甲己	丙寅	丁卯	戊辰	己巳	庚午	辛未	壬申	癸酉	甲戌	乙亥	丙子	丁丑
乙庚	戊寅	己卯	庚辰	辛巳	壬午	癸未	甲申	乙酉	丙戌	丁亥	戊子	己丑
丙辛	庚寅	辛卯	壬辰	癸巳	甲午	乙未	丙申	丁酉	戊戌	己亥	庚子	辛丑
丁壬	壬寅	癸卯	甲辰	乙巳	丙午	丁未	戊申	己酉	庚戌	辛亥	壬子	癸丑
戊癸	甲寅	乙卯	丙辰	丁巳	戊午	己未	庚申	辛酉	壬戌	癸亥	甲子	乙丑

三、起日柱

日夜交替，是由地球之自轉形成的，那麼子時是如何確定的呢？凡過夜晚23點（即初子時），即作第二天的干支計算日柱。故我們可以認定，每一天的開始，確實是以初子時為分界線的，凡過初子時即算作新的一天，以此標準論斷，方稱確當。

如果要計算日柱干支，雖然並非絕不可能，但十分繁瑣無聊，最簡單的方法是查萬年曆，如某人生於1994年6月1日，查萬年曆知該日干支為戊午，即日柱為戊午。

四、起時柱

時辰的劃分，如同年中分月一樣，只不過是將一天等分成十二個階段而已，一晝夜計24小時，則一時辰合2小時整。其原則乙太陽過上中天為正午，乙太陽過另一半球中天（即下中天）為正子，加以精細的劃分。初子時從晚23點整（真太陽時23點整，下同）算起，至夜半0點整為正子時，至第二天淩晨1時整交丑時，再至淩晨3時整交寅時，再至清晨5時整交卯時……再至晚21時交入亥時，夜23時交入下一個子時，輪流循環，如此類推。

以中國為例，基本上都是以北京時間為標準，以整點為時辰的交替點。目前命學界有用北京時間的也又贊成用地方時間的。那麼，時辰究竟應該按照什麼標準確定呢？無極心法的論命體系則一律用行政時間。目前我們的行政時間是北京時間，因此我們應用北京時間。

4.1 排年柱

排四柱是推命的第一步，即由命主出生之年月日時排出其四柱。由於四柱是由八個干支組成，因此也叫排八字。下面分別說明年月日時其四柱排法。

年柱，即人出生的年份用農曆的干支表示。注意上一年和下一年的分界線是以立春這一天的交節時刻劃分的，而不是以正月初一劃分。如某人1998年正月初三生，由於98年交立春是正月初八8時53分，因此此人的年柱為97年之丁丑，而非98年之戊寅。

4.2 排月柱

月柱，即用農曆的干支表示人出生之年月所處的節令。注意月干支不是以農曆每月初一為分界線，而是以節令為準，交節前為上個月的節令，交節後為下個月的節令。

我們現在用的農曆也叫夏曆，是建寅月的，即每年正月為寅月，二月為卯月，直到十二月為丑月，月柱中的地支每年固定不變，從寅月開始，到丑月結束。

一月寅月，二月卯月，三月辰月，四月巳月，從立春到驚蟄，從驚蟄到清明，從清明到立夏，從立夏到芒種。

五月午月，六月未月，七月申月，八月酉月，從芒種到小暑，從小暑到立秋，從立秋到白露從白露到寒露。

九月戌月，十月亥月，十一月子月，十二月丑月，從寒露到立冬從立冬到大雪從大雪到小寒，從小寒到立春。

月柱中每月的天干有所不同，雖不像地支那樣固定，但也是有規律可尋的。參閱以下年上起月表。

年上起月表

此表查法是，凡甲年己年（年柱天干為甲或己），正月為丙寅，二月為丁卯，餘此類推。如1998年為戊寅年，三月是丙辰月。2000年為庚辰

月/年	甲己	乙庚	丙辛	丁壬	戊癸
正月	丙寅	戊寅	庚寅	壬寅	甲寅
二月	丁卯	己卯	辛卯	癸卯	乙卯
三月	戊辰	庚辰	壬辰	甲辰	丙辰
四月	己巳	辛巳	癸巳	乙巳	丁巳
五月	庚午	壬午	甲午	丙午	戊午
六月	辛未	癸未	乙未	丁未	己未
七月	壬申	甲申	丙申	戊申	庚申
八月	癸酉	乙酉	丁酉	己酉	辛酉
九月	甲戌	丙戌	戊戌	庚戌	壬戌
十月	乙亥	丁亥	己亥	辛亥	癸亥
冬月	丙子	戊子	庚子	壬子	甲子
臘月	丁丑	己丑	辛丑	癸丑	乙丑

年，八月為丁酉月。

另有以下口訣可幫助記憶，也稱為「五虎遁」：

甲己之年丙做首，乙庚之年戊為頭。

丙辛之歲尋庚土，丁壬壬寅順水流。

若問戊癸何處起，甲寅之上好追求。

口訣用法：凡甲年己年，一月天干為丙，二月天干為丁，餘此類推。

4.3 排日柱

從魯隱公三年（西元前722年）二月己巳日至今，我國干支記日從未間斷。這是人類社會迄今所知的唯一最長的記日法。

日柱，即用農曆的干支代表人出生的那一天。干支記日每六十天一循環，由於大小月及平閏年不同的緣故，日干支需查找萬年曆。

日柱，在命學上是以晚上子時開始順時針到亥時，十二個時辰為一天，每一個時辰佔兩個鐘點。日與日的分界線是以子時來劃分的，即晚上的十一點。十一點前是上一日的亥時，過了十一點就是次日的子時。這一點請特別留意，而不要認為午夜十二點是一天的分界點。

4.4 排時柱

時柱，用農曆干支表示人出生的時辰。一個時辰在農曆記時中跨兩個小時，故一天共十二個時辰。

子時：23點—凌晨1點前
丑時：1點—凌晨3點前
寅時：3點—凌晨5點前
卯時：5點—凌晨7點前
辰時：7點—上午9點前
巳時：9點—上午11點前
午時：11點—上午13點前
未時：13點—上午15點前
申時：15點—上午17點前
酉時：17點—上午19點前
戌時：19點—晚上21點前
亥時：21點—晚上23點前

古人將一日等分為十二時辰，即：

夜半者子也，雞鳴者丑也，平旦者寅也，日出者卯也，
食時者辰也，隅中者巳也，日中者午也，日佚者未也，
哺時者申也，日入者酉也，黃昏者戌也，人定者亥也。

時柱的地支是固定不變的，而天干卻不同，可查下面日上起時表：

日上起時表

另有以下口訣可幫助記憶，也稱「五鼠遁」：

甲己還加甲，乙庚丙做初。

丙辛從戊起，丁壬庚子居。

戊癸何方發，壬子是真途。

上表和口訣的用法與年上起月法類似。如丙申日卯時的天干是辛，即辛卯時。

現在網路、軟體、手機上的APP均有免費的排八字的軟體，讀者可以自行上網下載，也不必辛苦的查表及用萬年曆了。

時/日	甲己	乙庚	丙辛	丁王	戊癸
子	甲子	丙子	戊子	庚子	王子
丑	乙丑	丁丑	己丑	辛丑	癸丑
寅	丙寅	戊寅	庚寅	王寅	甲寅
卯	丁卯	己卯	辛卯	癸卯	乙卯
辰	戊辰	庚辰	王辰	甲辰	丙辰
巳	己巳	辛巳	癸巳	乙巳	丁巳
午	庚午	王午	甲午	丙午	戊午
未	辛未	癸未	乙未	丁未	己未
申	王申	甲申	丙申	戊申	庚申
酉	癸酉	乙酉	丁酉	己酉	辛酉
戌	甲戌	丙戌	戊戌	庚戌	王戌
亥	乙亥	丁亥	己亥	辛亥	癸亥

十神專論

十神乃日主與其他柱天干生剋制洩所訂定之專有名詞。根據諸神之性情及其在四柱各干所佔之多寡和位置，即可概括的表現出一個人的性情、與六親的關係、執業的興趣取向、貧富貴賤等之吉凶特徵。

【十神之相生相剋】

天干就是「我」。「我」之五行與四柱之天干五行相比較，求得「十神」。其中包含「生我」、「我生」、「我剋」、「剋我」、「同我」五種現象。

※「生我」之生具有庇蔭、保護、扶持、包容、學習、吸收等意義。

※「我生」之生具有表現、發揮、流暢、智慧、創新、洩秀等意義。

※「我剋」之剋具有控制、佔有、操控、擁有、迷戀、執著等意義。

※「剋我」之剋具有管理、領導、約束、提拔、處罰、決策等意義。

※「同我」之同具有競爭、動力、意識、協助、操作、組織等意義。

十神口訣

為了方便起見，我們會把十神簡化，對於以後八字探討及背誦都比較方便。
「正印、偏印」為印P，「食神、傷官」為食傷，「正官、七殺」為官殺，「正財、偏財」為財才，
「比肩、劫財」為比劫。

生我為印P（正印、偏印）　我生為食傷（食神、傷官）
剋我為官殺（正官、七殺）　我剋為財才（正財、偏財）
同我為比劫（比肩、劫財）

再簡化一點

生我為印、我生食傷、剋我官殺、我剋為財才、同我比劫，這樣是否比較好背了？

※陽見陰，陰見陽：正印、傷官、正官、正財、劫財

※陽見陽，陰見陰：偏印、食神、七殺、偏財、比肩

※官怕傷，傷官見官，禍害百端。

※財怕劫，被劫則分。

※印怕財，貪財則壞。

※食怕梟，梟印奪食，逢梟則奪。

十神相剋

七殺制比肩，正官剋劫財。（官殺剋比劫）

比肩奪偏財，劫財奪正財。（比劫剋才財）

偏財破偏印，正財破正印。（財壞印）

偏印制食神，正印制傷官。（印剋食傷）

食神制七殺，傷官制正官。（食傷制官殺）

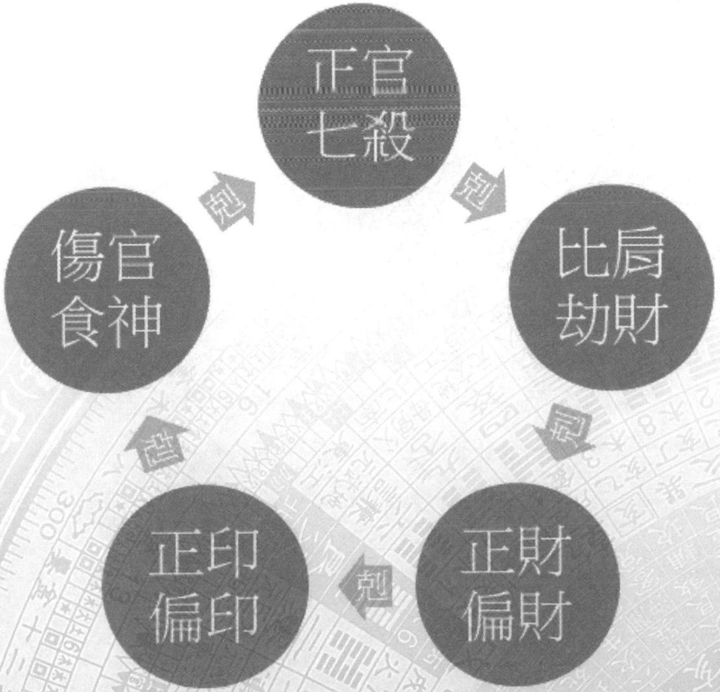

十神相生

偏印生比肩，正印生劫財。（印生比劫）

比肩生食神，劫財生傷官。（比劫生食傷）

食神生偏財，傷官生正財。（食傷生財）

偏財生偏官，正財生正官。（財生（養）官殺）

七殺生偏印，正官生正印。（官殺生（護）印）

我們把十神的相生相剋做一個口訣來背，都以印比為先：

比傷財官印生、比財印傷官剋。

或把印比拿掉變成：

傷財官印生、財印傷官剋。這樣就更順口了。

這樣就不用背太多的文字了，我對照比劫、食傷、財才、官殺、印P就好了。

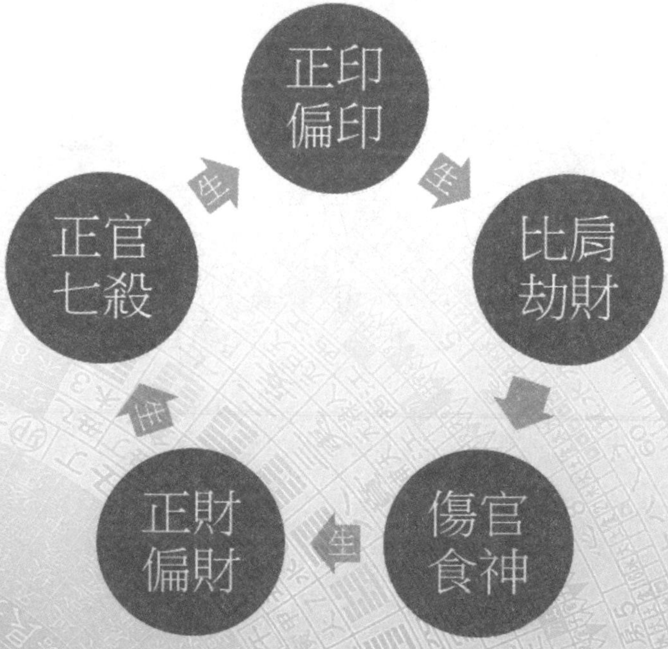

日干	年月時干	十神（太歲宿命星）	男命	女命
陰	陰	比肩（簡稱：比）	兄弟，朋友，同事，同行，股東，同輩	姊妹，朋友，同事，同行，股東，同輩
陽	陽	比肩（簡稱：比）		
陰	陽	劫財（簡稱：劫）	姊妹，異性朋友，同行，股東，競爭者	兄弟，異性朋友，同行，股東，競爭者
陽	陰	劫財（簡稱：劫）		
陰	陰	食神（簡稱：食）	岳父母，晚輩，學生，部屬，下游廠商	女兒，晚輩，學生，部屬，下游廠商
陽	陽	食神（簡稱：食）		
陰	陽	傷官（簡稱：傷）	祖母，晚輩，學生，部屬，下游廠商	兒子，晚輩，學生，部屬，下游廠商
陽	陰	傷官（簡稱：傷）		
陰	陽	正財（簡稱：財）	妻子	父親、叔伯
陽	陰	正財（簡稱：財）		
陰	陰	偏財（簡稱：才）	父親，小妾	結婚前：父親、結婚後：丈夫
陽	陽	偏財（簡稱：才）		
陰	陽	正官（簡稱：官）	女兒	丈夫
陽	陰	正官（簡稱：官）		
陰	陰	偏官（簡稱：殺）	兒子	情夫，小姑
陽	陽	偏官（簡稱：殺）		
陰	陽	正印（簡稱：印）	母親	母親
陽	陰	正印（簡稱：印）		
陰	陰	偏印（簡稱：P）	繼母，祖父	繼母，祖父，祖母
陽	陽	偏印（簡稱：P）		

十神的生剋與優缺點

【比肩】—獨立與自尊之星

簡稱	簡稱『比』 同我（日干）且陰配陰或陽配陽者為『比肩』
生剋	偏印生比肩、比肩生食神 偏官制比肩、比肩奪偏財
六親	男命代表「兄弟、朋友」。 女命代表「姊妹、朋友」。
定義	代表兄弟、朋友，獨立自主，自尊，好勝，不服輸，自信，不通融，意識堅定，競爭，外表樂觀內心想不開，損財。
優點	具有強烈之自尊心，有自之知明，凡事量力而為，不貪非分之想，樂觀進取，堅毅不屈，獨立自主，意志堅定，決不輕易改變，與朋友之情真摯，但保持距離，有『君子知交但如水』之風度，不輕易向人低頭，對自己充滿信心，堅守崗位，努力工作。
缺點	若太旺為忌則頑固不通，剛愎自用，堅持己見，不與人溝通而發生爭執。只為自己，不考慮他人，無容人的雅量，交友廣但難得知己，縱使柔順，內心也十分剛強，對人、部屬刻薄無情，不能付出關懷，也不會獲得外援，表面讚美別人，心裡卻不服。具有抗上之心，較得不到上司之提拔與器重。
年柱	1.小時候與人競爭，故較會唸書。 2.小時候容易生病或出事，會不斷花錢，出生時家庭經濟不好。 3. 定不是長子／女，上有兄姐或為養子。 4.個性獨立，朋友多。
月柱	1.重朋友，交際多， 2.朋友對錢有需求時，會付出與人分享。兄弟姊妹多，一生有感情糾紛。 3.兄弟不會幫忙，要靠自己打拼。 4.擇善固執，意志堅定，具有貫徹使命之精神。喜獨靜沉思。 5.易有三角糾紛，或晚婚或單身。 6.工作注重效率。
日柱	1.藏干比肩，朋友第一、自己第二、家人第三、配偶第四。 2.配偶性格剛毅敏捷，思想與己相似。 3.追求較己年長，成熟之異性為伴侶較依賴配偶

時柱
1.老年時不是花錢養身體就是子女把錢花光。 2.自己的事業較有競爭力，常會賠錢。 3.會為子女付出，子女要求的一定給。 4.所生的子女較獨立不服輸。 5.晚年好勝心越強，甚至偏激。 6.對工作拘謹、思想固執脫俗。 7.較易與年幼者相處，工作場受同性排斥。 8.與子女關係雖密切但情淡。

補充說明：

1. 帶「比肩」者，小時候很會念書，不服輸。意志堅定，有自信，求好心切，好勝。
2. 身強者帶「比肩」，朋友無助，只是競爭性。身弱者帶「比肩」，走運時朋友有助。身弱印比幫身。
3. 帶「比、劫」者，易為錢財所困。
4. 「比、劫」重，最好靠人脈來賺錢。
5. 「比肩」逢自刑，沖。兄弟姊妹必不和睦。（劫財亦同）
6. 「比肩」多者，夫妻緣分必差，太太身體病弱，比母短壽。比肩近剋偏財，無其他十神可化，父多半早喪亡。

7. 「比肩」逢空亡，兄弟姊妹不和睦，或早別離，無助力且緣薄，尤其月柱逢空亡更明顯。（劫財亦同）

8. 女命「比肩」、「劫財」多，夫妻少愛情，婚姻多困擾，家庭不和，色情糾紛事多，子女少。

9. 十神比肩，劫財都見，戀愛多三角習題，嫉妒紛爭事多，男女命皆同。

10. 「比肩、劫財」亦可代表同事、合夥人、競爭者。

11. 女命帶比肩者，其夫較會被人拐走，或是與人共享。

12. 帶比的人，外面朋友很多，回到家很難過，帶兩個以上比或劫是天公兒，有吃有住，要很有錢是不可能，比、劫多的人愛賭博。

13. 比較會和同性計較，不會和異性計較。女性比較直接，喜歡和男人談話。

【劫財】—倔強固執之星

簡稱	簡稱「劫」。同我（日干）且陰配陽或陽配陰者為「劫財」。
生剋	正印生劫財，劫財生傷官。正官剋劫財，劫財奪正財。
六親	男命代表「姊妹，異性朋友」，女命代表「兄弟，異性朋友」
定義	代表競爭，爭財，損財，野心大，表現慾強，，善交際，外表樂觀，內心放不開。
優點	具有獨樹一格之性格，有外交能力與口才，善於在社交場合製造氣氛，控制局勢，心思敏捷，迎合時尚及他人之需，具有應變能力與行動力，謀事積極，勇往直前，不顧生死之特性。
缺點	內心自相矛盾，以致性情陰晴不定，忽冷忽熱，難以捉摸，野心過大，求功心切，往往不經思考貿然行動，以致一敗塗地。有時又孤注一擲，而弄得無法收拾。做事橫衝直撞，有勇無謀，想用武力解決，不計後果，招致不可收拾之後果。不善於處理金錢，對朋友十分慷慨，因兄弟之事與配偶發生爭執，對女性十分體貼多情，但對妻子卻顯得冷漠。
年柱	1.初生時就花家裡的錢，家庭經濟狀況不是很好。 2.若家境富裕，則初生時長上必有花錢之事發生 3.幼時身體較差，或作別人的義子的機會高。 4.早年有的會失去父母。 5.有對長輩愛慕而暗戀的傾向。愛幻想，尤其對異性方面。
月柱	1.重視朋友，酒肉朋友多，賺錢易與別人分享。 2.父母可能早逝，分不到財產。 3.青少年愛作夢不易成真。 4.容易用假想敵的心態面對人。 5.急躁倔強，外緣佳但內緣不理想。 6.慷慨好施不易積財，喜投機冒險，易因賭色引起是非破財。 7.青年期事業起伏變化較大，決斷力強。
日柱	1.劫財，配偶易破財。 2.夫妻常有感情困擾之事。
時柱	1.疼惜子女，晚年較為子女付出。年老一生積蓄會被子孫全敗光。 2.被部屬扯後腿。 3.經年累月身體不好，常看病花錢，吃藥都吃不好。 4.老了還思想不成熟。 5.工作常發牢騷，與上司有口舌，因而不易升遷，工作性質常更動。 6.子息性格頑強，叛逆不易管教，且子女愛亂花錢，喜歡比較。 7.以投機短期投資為主，但不宜合夥。 8.愛佔小便宜、短視。 9.晚年與子息聚少離多。

補充說明：

1. 帶「劫」者，不管哪一柱，都代表不服輸，愛辯論，異性朋友多，但很會念書。
2. 帶「劫」或「劫」重者，易有感情方面的困擾。找對象要速戰速決，容易失戀，只要有一個「比」或「劫」，就有可能會失戀一兩次，才會結婚。
3. 若帶兩個「劫」，表示劫財很重，易掉東西，常遺失錢財。
4. 「劫」是一次就被劫走，「比」是錢一次一次慢慢的流失。
5. 「劫」旁邊有「財」或「才」，表示不適合與人投資，否則賺錢會和別人分。
6. 身弱走運靠「比、劫」來助，朋友會幫忙，但財仍會被劫走。
7. 身強走「劫」，表示朋友不是真誠的，一有事就全跑光光。
8. 帶劫者，流年走「劫」，夫妻感情困擾增多，分離可能性極高。
9. 帶劫者，若走正財或劫財年，亦不免有金錢上被劫之慮。
10. 身強者逢太歲合「比、劫」，把小人合出去，表示有利。
11. 帶「劫」者，走運時，有可能是劫他人的財。
12. 男人走劫財，除了會賠錢，還會挑剔老婆，看老婆不順眼。（劫正財）
13. 比、劫重的人心腸軟，耳根軟，女子則易墮落紅塵。

14. 走「比、劫」時，朋友會增多，但被劫的也多。逢太歲合「比、劫」，朋友會減少，但被劫的也相對減少。

15. 四柱劫財多，多半父比母短壽。劫財剋偏財，父多半易早喪。

16. 身弱者劫財與傷官同柱，多半不是好人，易流於黑社會，流氓，盜賊騙徒。且好賭博。劫財與傷官和羊刃，三者同柱，易犯牢災，仇殺，有短命，意外，橫死，貧厄者居多。

17. 劫財多，夫妻較易衝突、婚變，或太太體弱多病，且生性相當頑固。身強者、更有是非不分，常樹敵招怨。

18. 帶劫財身弱者，命局再現正官，多半子女不孝忤逆或子女易有災劫發生。

19. 身強者，命局見正財與劫財，必常破財。且妻命短壽、病弱機率高。

20. 男命，比較女性。同性之間比較容易感情用事，有同性戀傾向。

21. 比劫的人有慈悲心、同理心，會照顧人也會被認同，如果懂得運用優點將會是個有智慧、成熟的人。

【食神】──悠游福壽之星

簡稱	簡稱『食』 我生（日干）且陰配陰或陽配陽者為「食神」。
生剋	比肩生食神，食神生偏財 食怕梟，偏印制食神（梟印奪食），食神制偏官。
六親	男命代表「岳父母」 女命代表「女兒」。晚輩，學生，部屬。
定義	代表才華洋溢，祿壽、接受傳統、溫文儒雅、樂觀進取、度量大、持續力強、重感情但不情緒化。
優點	氣質清高，溫文儒雅，性格開朗，聰明細膩，通情達理，不與人爭，感情豐富，思想清新脫俗，喜愛美好事物，表達流暢，重視情調，調和精神與物質之均衡發展，對於藝術具有偏好，且有敏銳之感受力，精於飲食或美食，一生衣食豐厚。與人相處含蓄保守，溫厚有禮，含蓄而不露鋒芒。喜於付出但不強求回報，活潑乖巧而不任性叛逆，謀事專一而精純，故能成專家。
缺點	由於思想清高，容易自命不凡，因理想過高以致與現實脫節，易沉迷於遊樂，忽視現實生活，失去奮發進取之精神，做事耐心，卻常體力不支，容易疲勞，由於思考旺盛而引起腦神經衰弱或頭疼。幻想過度而至空虛寂寞之感。或因理想太高太多，每有懷才不遇，有志難伸之感。
年柱	1.出生後家境漸漸變好，長大後會為長上付出。 2.長上比較長壽。 3.母親比較會受到傷害，父親外遇的機率很高（但非絕對）。 4.小時後記憶力很好（尤其己土）很會唸書。 5.幼少時注重飲食、旅遊。 6.若有印或財搭配。則出國深造之機會。 7.易受祖上庇蔭，雙親之福德。
月柱	1.對兄弟姊妹付出。 2.出社會後比較喜好文藝類活動，較有食祿，適合翻譯人員。 3.兄弟姊妹中有較直率個性的人。 4.性格外柔內剛，行事機變，求知心念強。 5.青年期經濟平穩，不喜交際。 6.心態從容，度量寬宏。
日柱	1.藏干食神，配偶有才華，易發福。 2.配偶性格敦厚寬宏，夫妻間追逐互不拘束，配偶身材較豐厚。 3.自身行事緩慢，企劃力強，但實踐力弱。 4.女命如逢偏印剋制（梟印奪食）易損子息或生產時不順。 5.口才佳，感情重實質生活。 6.配偶較風流，注重性生活之協調。

時柱

1. 表洩氣重，女命應注意流產或生產時易剖腹生產。
2. 工作趨向文藝方面。
3. 壽祿長，晚年可能吃素。
4. 為子女付出較多，子女才華洋溢。
5. 自己較長壽，但太歲來合時，可能有事情或壽命有問題的跡象。
6. 工作上較易得清閒，易安於現狀，缺乏衝勁，與部屬關係密切。
7. 男命得子率高，女命得女機率高。

補充說明：

1. 身強者，能靠食神賺錢，身弱者就不行，但讀書很厲害，可以讀到博士。
2. 具研發精神，會深入鑽研而不自覺，較有耐心，但不像傷官那樣求變化。
3. 是天廚，不是很會烹飪，就是喜歡吃，嚐盡天下美食。帶食祿歡喜心，煩惱的事五分鐘過後就好了。
4. 食神通根，才華洋溢，溫文樂觀進取，直爽。
5. 流年走偏印，即為梟印奪食，血光、開刀、賠錢、腸胃不適，易遭小人扯後腿斷財根。嚴重時甚至於威脅性命。身強者，會賺錢，但錢會被別人分走或拿走。身弱者，才華無法發揮，施展不出來。
6. 逢太歲合「食神」時，要注意性命問題。

7. 命局「梟印奪食」者，一生孤貧。且要經常檢查身體，較會有長瘤的機會。

8. 食神可制殺，所以凶不起來。

9. 食神見偏財，可避梟印奪食之災。命局無財星，食神可當含財論。

10. 食傷同現者為通才，個性高傲做事三心二意，不易接受別人意見。

11. 食神過多以傷官論，反身弱多病，父母緣薄，子息少，凶命，遇正印反能轉吉，逢偏官方能得育子。

12. 女命食神過多，有妾命、風流、風塵女郎，寡婦之可能，尤其身弱者更靈驗。

13. 食傷過重的人，較不懂得去關心或愛別人，睡眠品質較不好。

14. 帶食傷者，都要默默耕耘，不要強出頭，不然常惹事生非。

【傷官】—創作與聰明之星

簡稱	簡稱「傷」。我生（日干）且陰配陽或陽配陰者為「傷官」
生剋	劫財生傷官，傷官生正財。官怕傷，正印剋傷官，傷官剋正官。
六親	男命代表「祖母」。女命代表「兒子」。部屬，晚輩，學生。
定義	代表子女、才華、不滿情緒、管夫、傷害正官、特立獨行、自不量力、多愁善感、易被感動、不受束縛。
優點	博學多能，多才多藝，聰明善辯，表達流暢，深謀遠慮，領悟優異，創意豐富，理想高遠，滿腔抱負，活力充沛，鬥志高昂，重視他人對自己的肯定，有不斷超越他人之慾望，學習力強，易成英雄人物，相貌清秀博學多能。口才流利，表情豐富，適合演藝、歌唱、舞蹈方面發展，也可以從事廣播、新聞報導、節目主持人等利用口才之工作事業，並且對於藝術美學之感受敏銳，頗具靈性，因此也是和從事畫家工作，或自由業，古董或精密技術方面發揮。
缺點	由於興趣廣泛博而不精，而招致失敗，由於領悟力強，博學多能，恃才傲物，一意孤行，無法接納忠言，厭惡禮俗拘束，易傾向狂妄，蔑視法令，為達目的，不擇手段，或以私害公，傷人自尊，招來禍患，財多則貪得無厭，好管閒事。傷官好勝逞強，乖戾不馴，愛出風頭，感情用事，主觀強烈，做事容易情緒化，招來許多誤會，男性宜盡量克制私欲，女性宜注意修心養性，以免違反倫常，觸犯法律。
年柱	1.與父親長輩較難溝通。 2.身弱者出社會沒多久會有父母不全之暗示，身強者或逢合。 3.出生時家中狀況不好，破祖先基業，家道中落，小時候愛出風頭。
月柱	1.對兄弟姊妹付出，兄弟姊妹間不親。 2.夫妻有別離之兆。 3.自尊心強，思想奇特，火爆。 4.青年期好動、活躍。 5.喜好動態藝術文物。 6.交友廣，對環境適應力強。具有商業頭腦，適合自創事業，變化較大之工作，專門技術之人員。 7.青年期不易積財。與上司老闆易有口舌爭端。
日柱	1.藏干帶「傷」者，男命：夫妻難溝通，或妻不賢或妻不全。女命：丈夫龜毛，比丈夫兇，坐下又逢『羊刃』，夫易生不測之災或惡死。 2.配偶間易互相猜忌，男命事業心重，不易納妻言，女命有凌駕丈夫之心態，亦有婚變之兆，夫妻形式貌合神離。
時柱	1.小孩難帶，子嗣頑強。 2.墮胎機率高，或不能生育，與子女的緣分薄，生子體弱多厄，有時會沒下一代。 3.自己身體也會較不好。 4.對工作充滿鬥志及野心，自我設限過高，易鑽角尖，自尋煩惱。 5.男命對子息管教嚴厲，易與子息生口舌爭端，晚年與子女聚少離多。 6.女命易疼惜子女且偏溺愛，常因子女之事煩心。 7.工作上易因部屬之故而遭受損失，對工作不滿常發牢騷，與上司缺乏溝通管道。（男女合同論）。

補充說明：

1. 帶「傷」之人雙重人格。男命：較龜毛，不好溝通，追求完美。女命：比較會唸老公，看到老公總忍不住唸幾句。
2. 身強者傷官之才華得以發揮可用頭腦賺錢。身弱者無法發揮。
3. 帶傷者，凡事貪做，常虧錢，易失敗。「謀事」策劃高手。
4. 傷官須配正印和正財之命較完美，無財多半不易富有，無印多半好投機、冒險，性格偏激。
5. 身強帶傷官又有正財及正印者，多半大富大貴之命。
6. 天干帶傷又通根，特別有潔癖、官司、血光、車關，一生少成多敗。
7. 女命最忌傷官，但有正財和正印在命局，反長壽富貴。無正財正印，命必凶厄，且有剋夫運，夫妻緣分極差。
8. 女命傷官又見正官或食神正財在命局，必剋夫或嫉妒、色情、情夫之糾紛事生。流年走正官或命局見正官成「傷官見官」禍害百端，見血、破財、車禍、官司，嚴重時甚至於威脅性命。有兩個「傷官」又見正官者，要合掉傷官不易，所以先把正官合掉，再求正官把氣勢補回來。本命「傷官見官」者，講白一點較奸。帶傷官的女性，墮胎的機率很高，一個傷官墮胎一次，兩個傷官墮胎兩次，最好儘速合掉，不然事情將會很多。

9. 帶傷官及食神者，每五年必有大災難事發生。（流年走正官，傷官見官。流年走偏印，梟印奪食）。

10. 帶傷官者，不論男女多半外表俊美且多半具有才藝之天賦，同時個性總較傲氣。

11. 每逢太歲合「傷官」，要注意性命。若傷官在時柱要特別注意子女。

12. 女子流年走食傷年較易懷孕。

13. 時柱帶「傷官」而且「亥」時出生者，難產的機率高。流年走「傷官見官」時，做事不要出風頭，不要當老大。

14. 男人帶「傷官」或「比肩」者，較會打老婆。

15. 求學時，考運較差。

16. 比較不會檢討自己，只會怪別人。喜歡雞蛋裡挑骨頭。

【正財】—踏實與正直之星

簡稱	簡稱「財」。我剋（日干）且陰配陽或陽配陰者為「正財」。
生剋	傷官生正財，正財生正官。財怕劫，劫財奪正財，正財破正印。
六親	男命表「妻子」。女命代表「叔伯」「父親」。
定義	代表金錢、勤儉、儲蓄、保守、正派、家庭責任、犧牲奉獻、固定財源、固定資產。
優點	博學多能，多才多藝，聰明善辯，表達流暢，深謀遠慮，領悟優異，創意豐富，理想高遠，滿腔抱負，活力充沛，鬥志高昂，重視他人對自己的肯定，有不斷超越他人之慾望，學習力強，易成英雄人物，相貌清秀博學多能。口才流利，表情豐富，適合演藝、歌唱、舞蹈方面發展，也可以從事廣播、新聞報導、節目主持人等利用口才之工作事業，並且對於藝術美學之感受敏銳，頗具靈性，因此也是和從事畫家工作，或自由業，古董或精密技術方面發揮。
缺點	由於重視物質追求，缺乏精神調節，以致精神空虛，所謂「家富心窮」。又貪圖安逸，享受現成，好逸惡勞，苟且偷安之心態，常因過於計較金錢得失，被認為守財奴、吝嗇鬼，除了對女性不吝其財之外，對家族親友均斤斤計較，讓人認為薄情寡義。做事過於安守本分，謹慎過度，缺乏勇氣與魄力去追求變化與突破，故其生平事業較平淡無奇，缺乏轟轟烈烈之表現與成就。做事保守，進取不足，缺乏耐心，往往虎頭蛇尾，半途而廢，斤斤計較，因小失大，單調刻板，慈厚有餘，權通不足，不願吃苦，欠缺責任心與榮譽感。容易流於怠惰之習慣。
年柱	1.小時候愛玩，不喜唸書。 2.有祖產，賺錢容易，愛賺錢。 3.身強者：出生時家庭富裕。 4.身弱者：出生時家境不好，常欠錢。 5.男子易早婚。
月柱	1.小時候愛玩，不愛唸書賺錢容易花錢也快。 2.身強者：出社會後很快賺到錢，出生於富裕家庭的機率高，少年得志型。 3.身弱者：常欠錢出生家境不好機率高。即使賺到錢，也會沒錢，屬錢嫂型。 4.財來財去，投資越多賠越多男命會以老婆的意見為主。
日柱	1.藏干正財，男命妻賢美多助，更易獲妻財。 2.女命丈夫具正財優缺點特性。
時柱	1.身強者，老年有錢且愛玩，後代很會賺錢。 2.身弱者，常欠錢，子女賢孝。 3.晚年生活安逸，對任何事物執著迷戀，對工作勤勉踏實，與子・息或晚輩較親近，略帶賭性。

補充說明：

1. 命中無正財之男命，十之八九較大男人主義，對太太不懂體貼，亦不會甜言蜜語，不善於表達內心之情感（並不一定不關懷太太）。

2. 正財多之男命者，不論身強、身弱，較會甜言蜜語，嘴巴甜，多半較懼內，尤其身弱者，妻的話更會聽，家中太太在發號施令。

3. 正財星多母壽多半不長，母運稍差，且易為情破財。尤其身弱者，易迷失自我，為錢財常愁苦。

4. 身強帶「財」又有正官者，多半富貴之命，且賢妻多助，持家有方。

5. 正財柱地支為自刑星或為它柱沖者，易生破財之事，一生辛苦貧窮。

6. 正財柱逢空亡，財權旁落，或易破財，且妻緣難長久，多半易再婚。尤其在日柱，再婚喪偶預示更明顯，同時戀愛易有三角習題和糾紛、困擾。

7. 正財在庫逢沖，會發意外之財。男命會金屋藏嬌，甚至會較吝嗇，若正財在時柱，多半小氣鬼。

8. 命中正財、劫財俱現，一生易逢小人而破耗財，身強者更明顯。

9. 女命正財多且身弱者，多半非節婦，易有外遇事發生。

10. 女命正財、正官、正印三寶俱備，必貌美多才富貴之命。

11. 女命正財過旺，必與婆姑不和，夫妻不宜和母親同住，以免生事端。

12. 男命正財爭合日主者，易享齊人之福，妻妾同屋。易會有爭風吃醋、色情風波。

【偏財】─慷慨好義之星

簡稱	簡稱「才」。我剋（日干）且陰配陰或陽配陽者為「偏財」。
生剋	食神生偏財，偏財生偏官。才怕劫，比肩奪偏財，偏財破偏印。
六親	男命代表「父親、妾」。女命代表「婆婆」。
定義	代表父親、妾、金錢、意外之財、不固定的錢財，疏財重義，慷慨、豪邁、夠義氣、不執著、愛理財、不重財、用情不專。
優點	慷慨豪邁，圓滑機智，精明干練，精力充沛，坦白誠實，淡泊名利，豪爽俠義，樂於助人，風流多情，做事乾淨俐落，速戰速決，頭腦靈活，樂觀進取，不為艱難，舉止軒昂，交際手腕靈巧，善於把握機會去賺取錢財。安排事物有條有理。凡事拿得起放得下，而且不過於執著於錢財。生涯中多機緣巧遇，因此常有意外收穫。在金錢與女緣方面常有戲劇性的得失。演藝、歌唱、舞蹈方面發展，也可以從事廣播、新聞報導、節目主持人等利用口才之工作事業，並且對於藝術美學之感受敏銳，頗具靈性，因此也是和從事畫家工作，或自由業，古董或精密技術方面發揮。
缺點	由於性格慷慨豪邁，不太珍惜金錢，以致奢侈浪費，一擲千金，毫不知惜，極易破敗家業。又因喜歡逗留在外，鑽營錢財。加上其圓滑機智之交際手腕且又出手大方，故容易贏得女人歡心或沉迷於酒色之中，以致揮霍家業而不知節制。感情不專，態度輕挑，玩世不恭，往往容易引起家庭革命、而影響家庭之安定性。由於對金錢不執著，以致開銷也大，如果經營企業則應注意企業業績之大起伏，尤其在凶運時更應注意，否則容易危及企業之生存安危。偏財為忌時，則會有詐欺之行為。
年柱	1.有祖產，小時後愛玩，坐不住，易因好玩而影響學業。 2.喜歡吃好的用好的，剋父之格。 3.異性緣早現。 4.家居變遷較大。 5.幼年時易體弱多病。
月柱	1.夠朋友，講義氣，朋友有難必全力相助。 2.喜歡從事大生意，大投資。少年得志型（指身強）。 3.身弱即使賺到錢，也會沒錢。投資多，賠的也多。 4.豪邁大方，廣結善緣，對任何事物不執著沈迷，異性緣佳，淡泊名利。 5.出生家境早年辛苦，過青年期家境漸佳易成暴發戶，敢承擔風險。對事物具有理解力、分析力；口才伶俐圓滑，社交力強。
日柱	1.藏干偏財，配偶具偏財之優缺點。 2.配偶精明能干銳利，行事爽快，不拘小節，男命有寵妾傷妻之傾向，女命之能力較夫賢能，不論男女命宜晚婚可免家庭風波。
時柱	1.身強者賺錢特別快，身弱者較無法發揮。 2.老年多情，慷慨大方，疏財重義。 3.偏財通根或比肩近貼，多半父早喪或父壽不長或與父不和。 4.男命較風流倜儻。自身晚年較春風，在工作易得異性之助力。 5.晚年身體虛弱，因工作之故常應酬與子女聚少離多。 6.子女社交能力較強，技能表現佳，適於商務推廣。 7.時干偏財如受剋家境易斷送於子孫，且子孫之性格奢侈浪費，虛榮心強。

補充說明：

1. 與父難溝通，流年走偏財，父親身體會比較不好。

2. 十神有「才」男子外遇不怕人知道（但有正官者，為面子仍怕人知道）。若是藏干有「才」，則外遇會怕人知道。

3. 逢「才」被太歲合掉，易破財（大錢），要注意父親的身體健康，與父親溝通較困難。若有外遇會被抓姦。已婚女性，要多注意婆婆，婆婆易出事。

4. 流年走「才」，男子異姓緣特佳，十神已有才又走才者，偏財重疊，指愛妾不愛妻。

5. 身弱者，逢「財」、「才」必破財。天干「財、才」不是財，藏干「財、才」才是真正的財。

6. 時柱逢「才」富比石崇，有錢的不得了（只指身強者），賺錢容易，耗財也容易。天干「財十才」：

甲、平時節儉，遇朋友便大方請客，事後後悔。

乙、感情事，有腳踏兩條船的機會。

丙、中意的東西一定要買，買了後悔，不買也後悔。

丁、女命則風情萬種、開放，喜歡上流社會。

7. 天干兩個「才」之男命，必好酒色且金屋藏嬌，大方輕財重義，易成敗家子或火山孝子。

8. 身強者「才」十「比、劫」剋父運易破財，因妻妾破財招災惹禍。身弱者較輕。
9. 天干「才」「殺」同現，為人好色且慾望高，養妾的機率高。
10. 偏財逢空亡，父壽不長，父運不揚。己易再婚，妻妾壽不長，財權旁落，身上少有鉅款可帶，或有破財之預示。
11. 女命，偏才過多，多半會為父親而操勞，受父拖累。男命較不明顯。
12. 偏財旺且身弱者，一生財來財去，難聚財。或反而貧窮常為錢財愁苦，且有怕妻懼內現象，會因妻妾破財、惹禍，且太太多半與母親不和，亦會影響母親運勢。
13. 偏財旺且身強者，若再逢正官，則名利雙收，逢比劫名利俱成空。

【正官】—光明儒雅之星

簡稱	簡稱「官」。剋我（日干）且陰配陽或陽配陰只為「正官」。
生剋	正財生正，正官生正印。 官怕傷，正官剋劫財，傷官剋正官。
六親	男命代表「女兒」。女命代表「丈夫」。
定義	代表丈夫、官職、社會地位、權勢、面子、上司、紀律、負責態度、正義感、守信、有禮、保守、光明正大、不積極。
優點	為人品行端正，光明磊落，正直保守，心地善良，秉公尚義，知理守法，負責重信，熱心服務，安分守己，不貪非分，重視紀律規範，做事認真負責，待人處事，客觀理性，有識人之眼光，具管理之能力，重視精神生活，樂於服務人群，嚴以律己，寬以待人，深博信任與尊敬。
缺點	做事按部就班，一板一眼，循序漸進，事多牽掛，瞻前顧後，刻板謹慎，缺乏積極，墨守成規，缺乏變巧，魄力不足，優柔寡斷，往往臨事猶豫以致坐失良機。
年柱	1.小時候愛哭，受的教育好，有家教，家世不錯，出生時祖父，父親社會地位好。 2.女子年輕時便開始談戀愛。 3.身強者喜官，祖蔭力強，少年得志早發達。 4.身弱不喜官，代表災難。 5.易獲高學歷，行事易受長輩提拔，為長子或長女
月柱	1.是正氣官，重信講義，正官特性最明顯。 2.身強者出社會時，知名度高，好名聲。 3.身弱者表災難，正官的缺點易顯現，愛面子不積極，此段時間「傷官見官」所受傷害最重。 4.性情敦厚莊嚴，沈默寡言，不善交際，威武不能屈，具有獨立自主之性格，重名望不執著金錢，與朋友交往不涉及利害關係。 5.青年時期不論從公就職易獲升遷，平步青雲。 6.女命易早婚。
日柱	1.藏干正官，反應力極佳，太太端莊高貴，中年大發。 2.配偶易為公教人員或主管級，性格率直，不擅掩飾，生活方式較嚴謹苛薄。 3.夫妻彼此較重視精神感受及生活之協調。
時柱	1.身強者會出好子孫，子息賢孝，且晚年大發達。 2.身弱者兒子難依靠。 3.工作態度易得賞識，行事安於現狀，不易變更，名利於穩定中成長，缺乏積極，對財不貪非分之想，辦事效率雖高不愛出風頭。 4.與子女可享天倫之樂，且子息易成文達賢能之士。 5.女命晚年可受夫之庇蔭而享福，一生名望於晚年漸提高，在工作上與部屬較能達成共識。

補充說明：

1. 正官只有一個（含藏干）最貴，為之精粹。正官過多（兩個以上），家貧少子，且多災難，身體較不好，從政必敗（尤其身弱者更明顯）。

2. 命局見「傷官」，則「傷官見官」為禍百端。男命多半易生不平不滿，事事多有阻厄，挫折不順利不如意。女命多半與丈夫貌合神離，或常爭吵鬧意見。

3. 流年走「傷官」，「傷官見官」為禍百端，見血、破財、官司，嚴重時會危及生命，不走運時必嚴重，走運時較輕微。

4. 流年正官被合，男命名聲地位下降，考運差。就業者可能失業，未就業者可找到工作。女命已婚者要小心老公有外遇或有意外事件，未婚者有結婚機會，但也易失戀（尤其身強者）。

5. 女命天干有官，會寵夫（會顧忌丈夫面子），較有男人緣。有兩個官，結兩次婚機會高。

6. 天干帶官，愛聽好話，聽到不好的會受不了（通常要單獨講）。

7. 男命時柱正官且時干為陽，不生女反生男，時干為陰必生女多。

8. 男命正官柱逢空亡，子必少，多生女，若生兒子恐會早喪。從政易失權，學業難有大成就。

9. 女命正官一個無剋最佳，身強者以夫為天，夫疼愛多助。身弱有剋者夫緣反差，無夫助且多受夫欺凌。

10. 天干有「食」、「官」，通常會比較懶，得過且過。

11. 天干有官者，通常長得比較好看，較有止義感。但臉皮很薄，愛面子，借錢給人也不好意思要。

12. 女命正官柱逢空亡，易再婚，若又合日主，再婚的預示較更明顯。

13. 女命最忌正、偏官命局皆現，感情婚姻多困擾或複雜。若兩者皆合者，多半易成妾命。

14. 正官見正印於命局，個性、官位、職業、事業多半較穩定，但做事較無力。無印則較易生波折、變化。

15. 女命正官表或命局不現，且有比肩或劫財時，夫妻無感情可言，不得先生疼愛，或本身全然不關心、漠視先生之存在。男命無正官，說話不重不威，說話沒人聽，不想出頭。

16. 財、官、印三寶俱現之命，最適合新水階級，尤其是公務人員，多半出生、教養、品行俱佳。

17. 天干正官，偏官同現，稱之為「官殺混淆」頭腦不清，決定事情不果斷，忽左忽右，不按牌理出牌，交際手腕好，男子易犯桃花，女易婚變。

【七殺】—果敢與權勢之星

簡稱	簡稱「殺」。剋我（日干）且陰配陰陽配陽者為「七殺」。
生剋	偏財生七殺，七殺生偏印。 七殺制比肩，食神制七殺。
六親	男命代表「兒子」。 女命代表「情夫、小姑」。
定義	代表壓力、災難、小人、計謀、兇悍、敵對、報復心、猜疑、霸道專制，缺惻隱之心，敢愛敢恨。
優點	為人威嚴有權，智略明敏，志大進取，勇敢果斷，抑強扶弱，嫉惡如仇鬥志昂揚，見義勇為，光明正直，不善虛偽，具優秀之直覺判斷力，勇於突破環境，開創新機。明察秋毫，綿密細緻，運籌帷幄，善於策劃，具領導權威，能得部屬與子女敬畏。
缺點	謀事採取競爭手段，因此十分費力，個性剛倔又時而失去於偏激，使別人難以接納，造成怨言，甚或樹敵招恨，常因不滿現狀而欲突破創新，以致帶來人生波動，有時陷入困境，孤苦無援。多年友情也常因一時之衝動魯莽而失去友誼，七殺過旺時容易變成陰沈好殺之性，爭強好勝，猜忌多疑，不太信任他人，以致孤軍奮鬥，事倍功半備極辛勞。
年柱	1.小時候愛爬高爬低，容易受傷，會因此留下疤痕或宿疾，難教導（尤其身弱者）。 2.女子十幾歲較會出現男朋友（地支有P者，有早年失身或碰上強暴之暗示） 3.幼年健康狀況不佳，災難多，家教嚴，父母以打罵為管教方式。 4.是長男或長女或代兄姊之職的機率高。 5.女命首次婚姻易敗，有再嫁喪偶之兆。 6.與親手足緣分淡薄有早別離之徵兆。 7.朋友稀少易受排斥。
月柱	1.女子易早婚。 2.身強者很早就出名，很早就賺到錢。 3.身弱者身體一直都不好，災難多，會賺到錢，但較坎坷，家境必差，兄弟姊妹易吵架。 4.敢愛敢恨型。為人重情講義，行事不畏強權，與自身手足關係疏遠或手足易有損傷。 5.青年時易受上司重用或升遷，工作轉型期屬革命期。 6.具有堅忍不拔之毅力，富風險意識。 7.女命易有不好之婚緣。
日柱	1.藏干有「殺」者，配偶多半個性剛毅，暴躁。但身強者較好些。逢支合就不明顯，逢支衝就相當的明顯。 2.配偶精明能干豪放，善外交、個性急躁、剛烈、倔強。易體弱多病且責任壓力皆重。

時柱
1.子女難教導，常為子女煩憂，事業壓力很大，很愛漂亮。 2.身弱者：子女必定常出狀況惹事生非，誤入歧途。 3.子女多半難言賢孝，有出息。 4.工作之責任感較強，凡事事必躬親，具督導、決策能力強，對自身要求過高，與晚輩部屬欠溝通管道，對事物獎罰分明。 5.男命易得子。 6.女命婚姻不得圓滿，易成職業婦女，晚婚較佳。 7.晚年較易陷孤獨，且生活難保清閒，對工作易不滿常發牢騷。

補充說明：

1. 女子帶「殺」為兇女人，若通根則是真正的恰查某，尤其以月柱更明顯。
2. 身強者可化「殺」為「權」，身弱者逢「殺」卻代表著災難降臨。
3. 流年走「殺」，易出車禍，嚴重時會波及生命安全。逢太歲合「殺」，災難雖會降低，但名聲地位會跟著不見。
4. 流年走「殺」，平日說不出來的，走「殺」年，較有膽量，會大聲說出。
5. 十神帶「正官」，藏干暗帶「殺」，女子表面忠貞烈女，但實際上卻波濤洶湧，越老越漂亮，易吸引異性，異性關係複雜，易再婚，若見正財星則更明顯可預知。
6. 女子官殺混淆之人，能力很強，個性開朗，有幫夫運。
7. 十神帶「殺」旁邊有「食神」的人，「食制殺」會比較斯文。身強者，兇不起來，大聲不起來，權威消弱且壓力大，但有賺錢機會。身弱者，有才華，災難減少。

8. 身弱者帶「官」與「殺」表災難，身強身弱帶「官」與「殺」易見血光。

9. 男命身強帶「殺」且時柱為陽干時，生兒子機率高，身弱帶「殺」且時柱為陰干時反而會生「女兒」。

10. 男命「七殺」逢空亡，不宜從政為官，多半失敗收場。子女早喪。

11. 同柱正官與七殺，又見比肩、劫財之女命，三角習題特多，戀愛、婚姻多不順利且常有糾紛。

12. 年，月柱均帶「殺」之女子，不是離婚，就是丈夫早死。

13. 地支逢沖，衝出「殺」，身弱者車關會很嚴重。但生兒子的機會很高。

14. 七殺多的女人，身強者玩弄男人，身弱者被男人玩弄。

15. 帶殺者，敢作敢當，沒辦法接受他人意見。若合他意，就乖乖做，不合他意，則會走旁門左道。

16. 女命帶殺，易紅杏出牆，玩弄男人成性。

【正印】——慈愛與榮譽之星

簡稱	簡稱「印」。生我（日干）且陰配陽陽配陰者為「正印」。
生剋	正印生劫財，正官生正印。印怕財，正財破正印，正印剋傷官。
六親	男命代表「母親」。女命代表「母親」。
定義	代表著母親、貴人、思想、觀念、宗教信仰、慵懶、仁厚、同情心、熱愛文藝、自命清高、依賴、異中求同。
優點	正印之人氣質幽雅，智慧聰穎，寬容善良，仁慈敏慧，不計仇恨，重視學問之充實，品德之修養，與精神之調劑。清高自負，自遠小人，自勵自愛，方正親切，重人情，愛面子，信仰宗教，先知先覺，易得名聲，易掌權貴，常得貴人之提拔，能享現成之福氣。
缺點	由於重視精神生活，往往會自視清高而輕視金錢，本性木訥而不善營謀，雖有先知先覺之智慧，卻會容易脫離現實，不切實際，缺乏應變能力，且不善於察言觀色，不善於勾心鬥角，也不願同流合污，但又愛面子而打腫臉充胖子，會掩飾自己的過失，嚴重時甚至虛偽欺詐，以致觸犯法網。
年柱	1.小時候長輩會常帶去接觸宗教，祖德很好，與母親也很好。 2.身弱者，多半是長子或長女，深得長輩之疼愛，出生於富貴之家庭（命局有正財星者就較差）。 3.易得父母留下之祖產。 4.小時候就很固執。氣質型。 5.幼少時得妥善之照顧，讀書求學可得順利進展，易得師長疼惜引導。較安逸少異動，將來工作易因長親之故而受升遷或提拔。
月柱	1.常有機會自己去接觸宗教，隨心所信，喜歡安靜。 2.很有智慧，心也慈悲，善良。 3.身體健康，身弱者更明顯，且常遇貴人扶持。 4.身強者多半與母親意見不合者居多。個性較固執。 5.具有慈善及關照他人之心，好學不倦，工作上易得上司器重，不論從公就職易得提升。 6.行事誠懇持人謙虛，唯獨缺乏衝鋒陷陣之精神。 7.輕利重名之人，加諸自身責任壓力皆重，不善言詞，較沈默，與手足之情深但緣薄。 8.女命婚後易有婆媳問題。 9.男命受母親約束甚多且家中母親掌權。
日柱	1.藏干為印者，配偶品格氣質佳，且為人厚道，斯文有理。 2.配偶工作易屬文職，婚姻生活上盼望得到配偶之呵護照顧，配偶性格穩重踏實，年紀較己為大。
時柱	1.晚年會接觸宗教，喜歡安靜，年老修行，皈依吃素。 2.易得老人癡呆症。若正印通根，越老就會越固執。 3.子女多半賢孝。 4.身強者，事業常遇小人。身弱者，則遇貴人。工作盡忠職守、勤勉樸實、緩慢但仔細，規劃重於實踐，對子女部屬採取獎罰分明，易得上司有力支持及重用。與子息關係雖密切，但不溺愛，晚年可得安逸平穩之生活，易接近宗教。

補充說明：

1. 帶「正印」者，多半與母親感情很好，但溝通上卻較困難。
2. 流年走「正印」，要多注意「母親」的身體健康。
3. 逢太歲合掉「正印」時，「母親」的災難必然很多。自身也得注意，因為沒貴人幫助。
4. 身強者「正印」代表「鬼」人，假貴人，身弱者「正印」代表「貴」人，真貴人。
5. 男命十神有「正印」、「正財」者，財壞印，代表老婆與母親不和，易有婆媳問題。
6. 「正印」多者（兩個以上），多半酒量佳，印被財星剋破，母親多半早喪。
7. 身弱者能得祖產，身強者則接收不到。
8. 帶「正印」者，隨時都有人在幫你打氣，婚後肥胖的機率高。
9. 帶「正印」且正官多較有發展。財星多較乏進取心。
10. 「正印」與傷官同柱，多半與母親不和，名利較難全美。
11. 「正印」與正官同柱，多半易發達，但逢沖剋反事多阻逆，缺乏決斷力心意不定。
12. 女命身強且「正印」多，有剋夫之現象，先生多半體弱多病或有早喪之可能，且子息亦少或無。但見「官殺」或流年走「官殺」可生兒育女。
13. 女命帶「印」但財星多，難嘗良婦，再現「傷官」恐不守婦道更趨明顯。印多者，頭腦較不靈光（印剋食傷，食傷又代表子息）。

【偏印】——超俗孤獨之星

簡稱	簡稱「P」。 生我（日干）且陰配陰陽配陽者為「偏印」。
生剋	偏印生比肩，七殺生偏印。 印怕財，偏財剋偏印，偏印制食神（梟印奪食）。
六親	男命代表「繼母，祖父」。 女命代表「繼母，祖父母」。
定義	代表著貴人、思想、主觀、奇招異術、神秘、頑固、聰明刁鑽、偏執、警覺多疑、獨樹一格、同中求異義。
優點	思考細膩，機靈靈敏，感覺靈敏，善於臨機應變，具優秀之領悟能力觀察入微，老練能幹，警覺性高且能保守秘密，喜怒哀樂不形於色，能讓異性信賴，對於企劃、創造、設計方面，具有獨特之見解，思想高超怪異，擅長怪招奇術。
缺點	思想超凡怪異，性格內向多疑，喜離群獨處，不喜參與社交活動，常有厭惡世俗之心，雖有鬥志卻耐心不足，做事往往三心二意，以致東不成西不就，雖好學藝卻少有成就，思想奇特，標新立異，喜走捷徑，不能按部就班，喜求旁門左道，往往無是空忙。 偏印過重則利己心強烈，過高評價自我，以致難與人和睦相處，令人有孤僻之感。
年柱	1.母親常受到傷害（父親外遇機率高，但非絕對）。父親較不會照顧家庭。 2.小時候難帶，思想奇特，不愛表達，有自閉傾向。 3.幼時較不快樂，應給神明當小孩。
月柱	1.主觀意識強且點子多，較不易賺錢，愛唱反調。 2.喜歡獨來獨往，模仿、學習力接強，思想易成反傳統，凡事有獨特見解。 3.內心易多愁善感，適合扮演各種角色，心思細膩且敏感，唯獨缺乏魄力、決斷力，較易得異性長輩之助。 4.工作易受貴人輔助，對宗教、文藝、哲理興趣濃厚，對事物具洞悉力喜好探索人生。
日柱	1.藏干為P者，有晚婚之傾向。 2.身強者配偶多半難言佳美。感情婚姻多波折，因對配偶之要求及期望過高，如結婚將會任何權力皆由配偶掌管，對配偶較依賴。 3.女命婚後易有婆媳問題，且家中事物由婆婆掌理，以職業婦女為仕。
時柱	1.賺沒錢，犯小人。 2.感情容易出軌，晚年感情孤單。 3.對任何工作性質適應力皆強。 4.行事喜兼差，精明能干，善企劃，適合幕僚工作。 5.與子息關係疏遠，且子女易體弱多病。 6.自身晚年之體質較弱，不論男女命與部屬之關係疏遠。 7.女命生產時較不順，易有產厄之災。 8.對宗教、玄學易有迷戀執著之心。

補充說明：

1. 四柱無正印時，偏印可以代表母親論。

2. 流年走「偏印」：會傷及母親，要小心母親身體。

3. 帶P、食、傷者，頭腦非常聰明，但出事的常是他們。

4. 「P」為食神中之梟雄，隨時要抓食神打牙祭，稱之為「梟印奪食」。即流年走「食神」時或地支逢沖，沖出食神時。逢「梟印奪食」時災難如下：

常被陷害，易遭小人扯後腿，斷財根。弄得身敗名裂，疲憊不堪。

易突遭意外、車禍，命喪身亡。

逢「梟印奪食」年生產或懷孕，易難產或剖腹生產。

命局已定梟印奪食者，生產易難產，易為小孩煩惱，不斷為小孩付出。

感情容易受創，易被鳩佔鵲巢。

5. 身弱者，每逢偏印被太歲所合，貴人不現，必定會出事。

6. 身強偏印多者，無福澤且多貧厄、災劫、不幸、子女少又無緣。且個性怪異、孤僻、狠毒居多。有陰險、狡猾之感。

7. 命局中偏印、正印俱現者，處世較猶豫不決，不安分，不知往左或右。

8. 命局中偏印，偏財俱現者，多半命半穩。但又見官殺，反一生多成多敗不穩定。

9. 月柱藏干偏印者多半多才多藝，從事特殊行業較易有成，但易聰明反被聰明誤。

10. 天干帶P者，先讓他講完話，再和他溝通，但他都是口服心不服。

11. 天干帶P者，較易成為第三者，會扯人後腿，或是被人扯後腿。

12. 女命帶P，身強者，較易成為繼母，身弱者，較能掌權。但與婆婆無緣分。

13. 帶P者，身體長腫瘤的機會大。

十神論事業

創造成功的人生

比劫：人力—整合人力
食傷：智力—善用智力
財才：財力—節度財力
官煞：物力—統籌物力
印P：願力—慈悲願力

比肩：適合獨立創業，行動力很快

《適合》

快速擁有財富適合獨立創業，相對失去也很快，容易幫老闆賺錢。

傳統事業：一輩子跟人競爭，到最後還要跟人家分；幫助朋友，到最後變成競爭的對象；做生意不好意思收錢、不好意思拒絕，到最後都是負債。

服務業之前線，面對客源之第一，做好人際關係．喜歡開店。

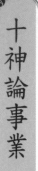

喜歡人與人相處的感覺，親切的態度，親和力是致勝的關鍵。

懂得與人相處，辨是非明分寸，會做人際關係，和氣生財。

善用特點：集思廣益，從而生食傷，再生財。

劫財：貪念，想很快擁有

《適合》組織、人脈事業。

傳統事業：好勝不服輸，野心大，喜投機，外表樂觀內心想不開。

公關一流，朋友多，但得罪也很快，一翻兩瞪眼。

開店便開商品集中的地方，聚集人潮的好點．勿與人合夥。

缺點：不是做自己，做給別人看，雙面人。

善用特點：集思廣益，從而生食傷，再生財。

食神：斯文、保守

《適合》才華發揮類，廣告設計公司，研究計畫研發，實驗者

逆來順受．接受命令，默默工作者，頭腦清新，研究者，藝術工作者（屬靜態），廚師，教師，專業人才。

男命一食十傷：適合觀光旅遊業。

女命一食＋官刹：適合服務業，親和力夠．喜歡招呼別人。

食＋比：祖業無緣，靠自己不得投資。

傳統事業：樂天知命，太樂天所以愛被P食；洩氣＝付出：才華洋溢，非常專業：食壓制刹，樂觀的心來面對壓力。

傷官：大起大落、校長兼打鐘（台語）

有開創力口才又好，用別人幫他賺錢有聰明的傷官。

別人說頭他即知尾（身強）。

《適合》文字、藝術、演藝、歌唱．舞蹈等方面發展，新聞報導、廣播或和用口才如律師，亦適合個人工作室、獨立作業。

適合行業：評論家，立法委員。

身強＋傷官多：有創造力的藝術家。

傷官十才財：適合金融人員，但較易貪。

傷官＋印＋才財：任稽核主管的大官，司法，財經界。

傷官沒有才財，沒有印：適合服務業，幕僚策劃高手。

傳統事業：悲觀、愛嘮叨；批評家，完美、挑剔；傷到正官，破壞名聲，以顯才華；凡事親力親為，很難找到左右手；不能受困，貪做needed舞台。

正財：勤儉、自負、保守任傳統行業

《適合》朝九晚五，生活無變化之人，上班族，固定工作內容，無壓力無挑戰性（太懶）。

財＋比劫多：適合公家機構，不適出外打拼做生意。

財＋比劫＋P：適合自由業，藝術家不喜歡被管。

財＋官：政商界。

財＋傷官：技術性，剪髮設計師。

傳統事業，固定財，保守，看眼前不看後面（謹慎）；魄力不足通常較早賺到錢。

偏財（才）：外交、財經、表演、才華、手腕不錯

《適合》公關、演藝、業務、行銷、表演，商業經營，金錢遊戲，股票投資，房地產生意，輕鬆賺錢，易有意外收穫，注意培德，小心大起大落。

男命：有異性緣、商業人士、業務、大眾傳播、銷售，做1／2份工作，且名利雙收，喜歡賺錢。

才＋驛馬：適合交通業。

財、才過多身弱者：不要經商，財多身弱做生意父母需幫忙還債。因財才野心大，愛做大生意但因身弱，適合穩定工作，才不會債台高築拖垮別人。

傳統事業：過路財、十方財，愛賺大錢，不易留財；挑戰性強。

空間大，做業務相當好：才何時被拿走，自己都不知道；財來財去。

正官：守信、耿直、遇傷官年要注意

《適合》管理階層、領導、老闆、演藝、政治人物、公職人員。

財才＋印十官：任政治、經濟很有成就。

官＋傷＋P：適合擔任醫生、記者、作家、畫家、演藝者。

傳統事業：光明正大、保守、優柔寡斷，錯失良機；易被利用。

事業上愛從事有面子之事，不一定要賺錢。

七殺：好辯、不服輸、競爭性強領導人物

《適合》研發、發現新大陸者，業務執行，領導者，管理，整合，老闆，業務，公關，行銷，表演，民意代表。

剎＋傷官：主管格。

剎＋正官：學者、評論、藝術家。

剎＋印＋P：公教、文藝、法律界出色。

剎＋比劫：各行業都優秀。

傳統事業：愛恨分明、叛逆、霸氣，要就是要；打山頭，很會賺錢；不會化剎為權，就要承擔壓力。

正印：不用勞力、用腦筋，文化事業

印多（身強）：慵懶—適合作者，文學家。

印＋官＋食：掌大權。

傷＋比＋P：觀念要正確。

傳統事業：主觀、自命清高、懶，愛依賴別人；聽不進別人話。

事業柱表貴人旺，但如不積極，不與人溝通沒用，一懶貴人就不見了。

當一個觀念很正確、很執著，會號召跟你完全一樣的人共同來投入（印生比劫），

例如：拜拜、捐錢。

偏印：孤僻、脫俗、強烈慾望、固執己見、宗教

《適合》企劃、創造、研究、發明、設計。

適合行業：適合廣播事業，禮儀師，導播，教育，攝影，書法，宗教。

傳統事業：洗腦專家警覺性高；反對派，不能溝通；沒耐心，東西學一半；一不小心得罪人，自己不知道。

跟P溝通，要準備好，先絕他的命，否則他會破你的軍。

一般神煞：

天德、月德貴人

閭東叟云：「貴神在位，諸煞伏藏；二德扶持，眾凶解散。」

凡命中帶凶煞，得此二德扶化，凶不為甚。需要日上見，時上不犯剋沖刑破，方吉。凡人得之，一生安逸，不犯刑，不逢盜，縱遇凶禍，自然消散。與三奇天乙貴同併，尤為吉慶。

或財官印綬食神變德，各隨所變，更加一倍之福。入貴格，主登科甲，得君寵任，或承祖蔭，亦得顯達。入賤格，一身溫飽，福壽兩全，縱有淤滯，亦能守分固窮，不失為君子。女命得之，多為貴人之妻。三命鈐云：「天德者，五行福德之辰，若人遇之，主登台輔之位。」更有月子平賦云：「印綬得同天德，官刑不犯，至老無殃，是天德勝月德也。」

天德貴人（守護神）：最安詳之大福星，主顯貴、仁慈、敏慧、慈善、溫順，修養高、一生福力隆厚，無凶險，有也必逢凶化吉，化險為夷，如受神明護佑，多享福德。

歌訣：「正丁二坤中，三壬四辛同，五乾六甲上，七癸八艮同，九丙十歸乙，子巽丑庚中。」

以上講的天花亂墜，只知道都有押韻，也很有文學素養，但就是看不懂，誰知道到底在說什麼？我們來破解一下，看看先賢在講哪椿？

我們先來說一下，古時以寅為正月，所以寅宮為1月，卯宮2月，同理推下去辰3月、巳4月、午5月、未6月、申7月、酉8月、戌9月、亥10月、子11月、丑12月，也就是它們所佔的宮位。

正丁二坤中：

寅宮為1月，也就是正月，把丁放進寅宮去，而坤在西南方，就是十二方位盤的申方，所以卯宮2月放入申。

食指	中指	無名指	小指
巳	午	未	申
辰			酉
申 卯			戌
丁 寅	丑	子	亥

三壬四辛同：

辰宮為3月，把壬放進辰宮的位置，巳宮為第4個月把辛放進巳宮的位置。

食指	中指	無名指	小指
辛 巳	午	未	申
壬 辰			酉
卯			
寅	丑	子	亥

五乾六甲上：

午宮為5，乾宮在亥(亥在西南方)，所以午宮放入亥，未宮為6，所以未宮放入甲。

食指	中指	無名指	小指
巳	亥 午	甲 未	申
辰			酉
卯			戌
寅	丑	子	亥

七癸八艮同：

申宮為7，申宮放入癸，酉宮為8，艮宮在寅(寅在西東北方)，所以酉宮放入寅。

食指	中指	無名指	小指
巳	午	未	癸 申
辰			寅 酉
卯			戌
寅	丑	子	亥

九內十歸乙：

戌宮為9，：戌宮放入丙，亥宮為10，亥宮放入乙。這裡沒有爭議。

食指	中指	無名指	小指
巳	午	未	申
辰			酉
卯			丙 戌
寅	丑	子	乙 亥

子巽丑庚中：

子宮為11，而巽在東南方，是巳宮的方位，所以子宮放入巳，丑宮為12，所以丑宮放入庚。

食指	中指	無名指	小指
巳	午	未	申
辰			酉
卯			戌
寅	庚 丑	巳 子	亥

以上，我們就解決了古人先賢的謎底了。

另外我們從十二宮方位圖也看到，我們把寅申巳亥放入四花（子午卯酉）的宮位。這也是耐人尋味了。讀者有興趣可以再探討一下。

天德貴人	1	2	3	4	5	6	7	8	9	10	11	12
月令	寅	卯	辰	巳	午	未	申	酉	戌	亥	子	丑
命局天干	丁	申	壬	辛	亥	甲	癸	寅	丙	乙	己	庚

天德貴人圖解

食指	中指	無名指	小指
辛 巳	亥 午	甲 未	癸 申
壬 辰			寅 酉
申 卯			丙 戌
丁 寅	庚 丑	巳 子	乙 亥

月德貴人：其性如天德貴人安詳巨福、福壽雙全之星。

寅午戌為火局，所以放入丙火。

申子辰為水局，所以放入壬水。

亥卯未為木局，所以放入甲木。

巳酉丑為金局，所以放入庚金。

天乙貴人（天醫貴人）：

主聰明智慧，多得人扶助，能逢凶化吉，有潔癖。須身強方佳，方顯天乙特性，較易發達之機運。女命天乙貴人太多反而未必好（女性天乙貴人多，超過兩個以上，多半善交際，易成交際職業婦女，且易出名，這種好壞見仁見智）。

歌訣：「甲戊庚牛羊，乙己鼠猴鄉，丙丁豬雞位，壬癸兔蛇藏，六辛逢馬虎，此是貴人方。命中如遇此，定做紫衣郎。」

甲戊庚遇到牛羊即丑未，乙己遇到鼠猴即子申，丙丁遇到豬雞即亥酉，壬癸遇到兔蛇即卯巳，辛遇到馬虎即午寅。

月令	寅	午	戌	申	子	辰	亥	卯	未	巳	酉	丑
命局天干	丙			壬			甲			庚		

日干	甲	乙	丙	丁	戊	己	庚	辛	壬	癸
命 局	丑 未	子 申	亥 酉	亥 酉	丑 未	子 申	丑 未	午 寅	卯 巳	卯 巳

我們把位置重新排一下：

日干	甲	戊	庚	乙	己	丙	丁	壬	癸	辛
命 局	丑 未	丑 未	丑 未	子 申	子 申	亥 酉	亥 酉	卯 巳	卯 巳	午 寅

文昌貴人

文昌貴人主天資總敏，亦主逢凶化吉。文昌座下食神、傷官，很有才華，長相俊秀。

歌訣：「甲乙巳午報君知，丙戊申宮丁己雞，庚豬辛鼠壬逢虎，癸人見卯入雲梯。」

雞即酉，豬即亥，鼠即子，虎即寅。

日干	甲	乙	丙	丁	戊	己	庚	辛	壬	癸
命局	巳	午	申	酉	申	酉	亥	子	寅	卯

我們放入十二宮位圖可知，辰戌丑未（四庫之地）無文昌貴人，甲乙木生在巳午（火），戊己土生在「申酉」，而丙丁火生戊己土也一併放入。庚辛金生亥子水，壬癸水生寅卯木。這樣分析就容易背誦了。

食指	中指	無名指	小指
甲 巳	乙 午	未	丙戊 申
辰			丁己 酉
癸 卯			戌
壬 寅	丑	辛 子	庚 亥

三奇貴：三奇之命世上罕，名震寰宇，威冠群英。

歌訣：「天上三奇甲戊庚，地下三奇乙丙丁，人中三奇壬癸辛，命中若得三奇貴，狀元及第冠群英。」

天上三奇：甲戊庚。甲日戊月庚年。

人中三奇：壬癸辛。壬日癸月辛年。

地下三奇：乙丙丁。乙日丙月丁年。

以天上三奇為最佳，地下三奇次佳，人中三奇又次之。在世間最尊貴之福寶。凡命遇三奇貴，主人精神超人，胸懷寬闊，身體強健，博學多才，名震寰宇，出將入相，勳業超群，富貴超群，國家棟樑，出類拔萃。

（三奇貴支人，身體強健是可以確定、肯定。其餘則可參考，有待斟酌。）

若自己無以上三奇者，可找同夥一起合作。

如：自己命主為甲木者，可以找日主戊及日主庚者一起合作，至少每個人有三分之一的力量。同理，壬癸辛及乙丙丁日主之人亦可找其餘兩人一起合作，也可創造事業高峰。

魁罡：

命局日柱為壬辰日、庚辰日、庚戌日、戊戌日者為魁罡。（宜男不宜女）

男命大富大貴，女命剛倔，自剋剋人。

庚辰、庚戌日方是，忌見官煞，但天干有水制火亦成。

壬辰、戊戌日方是，忌見財星，但財被合剋住亦成。

智高膽大氣粗，大富大貴，領導大眾之權威，決斷力強，博學多才，吉凶表極端之特性。真魁罡無破者，運行身旺做文臣，大富大貴之命。男命魁罡破格，貧窮潦倒，女命破格墮紅塵。

我們可以背：只有辰日及戌日才會有魁罡命格，庚在辰戌都有，辰為水局之一支，所以金生水得壬辰，戌為火之一支，火生土得戊戌。

將星：

「將星文武兩相宜，祿重權高足可知。」將星逢七殺或羊刃，可掌握他人生死大權。如法官、檢察官……等。

將星和財星同柱，可在金融界大放異彩。

華蓋：

名才藝之星，孤獨之星，命宜見印，同柱更佳，定為學識人才，勤學可成名（高學歷），且有藝術、文學、音樂、美工、設計、審美之天賦才能。

歌云：「華蓋星辰兄弟寡，天上孤高之宿也生來若在時與胎，便是過房庶出者。」

林開云：「印墓同乞品格清，重重臨印即公卿，若還空破臨其位，便是悠閒藝術人。」

燭神經云：「華蓋為庇蔭清神，主人曠達，神清性靈，恬淡寡慾，一生不利財物，唯與夾貴併則為福，清貴特達。」

驛馬：

帶驛馬，四柱見財官方有力，所謂馬奔財鄉發如虎。其特性，奔波遠行、旅遊運多，職業、住所、心態較不安定，常變換更改，尤其驛馬逢沖時更驗。

歌訣：「申子辰馬居寅，寅午戌馬居申，巳酉丑馬居亥，亥卯未馬居巳。」

驛馬主奔波流動，會吉星則增其吉，遇喜神或財官印綬，皆主速發；若遇凶星則凶。

我們把將星、華蓋、驛馬做成一個表就可以瞭解。

	日支	寅	午	戌	申	子	辰	亥	卯	未	巳	酉	丑
將星	命局地支		午			子			卯			酉	
華蓋	命局地支		戌			辰			未			丑	
驛馬	命局地支		申			寅			巳			亥	

解說：

將星為各局之主，所以寅午戌見午、申子辰見子、亥卯未見卯、巳酉丑見酉。

華蓋為各局之尾，所以寅午戌見戌、申子辰見辰、亥卯未見未、巳酉丑見丑。

驛馬逢沖則動，必須有沖才會有驛馬。如：

寅午戌日支，寅申沖，所以申為寅午戌日支的驛馬。

申子辰日支，寅申沖，所以寅為申子辰日支的驛馬。

亥卯未日支，巳亥沖，所以巳為亥卯未日支的驛馬。

巳酉丑日支，巳亥沖，所以亥為巳酉丑日支的驛馬。

祿神（即食神），忌沖，日主座下最好。祿者，福也，善也。從精神方面來說，祿是稟受於天的種種好處；從實質來說，祿是「食祿」。若命中逢之，主享俸祿，豐衣足食。

祿神在年干：年柱是父母、長上，所以要孝順父母，父母在則財祿豐厚。

祿神在月干：月柱是兄弟、同輩，所以要靠兄弟、朋友互相扶持。

祿神在日干：日柱是自己，主一生福祿豐厚。

祿神在時干：時柱是子女，有子女才會有福祿。

若自己八字沒有祿神，就取自己日干所在的地支，如日主甲木祿神在寅，則在流年的寅年、寅月、寅日、寅時在外作業，就會有機會。

歌訣：「甲祿在寅，乙祿在卯，丙戊祿在巳，丁己祿在午，庚祿在申，辛祿在酉，壬祿在亥，癸祿在子。」

日干	甲	乙	丙	丁	戊	己	庚	辛	壬	癸
祿神	寅	卯	巳	午	巳	午	申	酉	亥	子

我們把陽大干甲、丙戊、庚、壬，從寅上（順數）起甲、巳上起丙戊、申上起庚、亥上起壬。如圖：

食指	中指	無名指	小指
丙戊 → 巳	午	未	庚 申
↑ 辰			↓ 酉
↑ 卯			↓ 戌
甲 寅	丑	子	壬 亥

然後把陰天干乙、丁己、辛、癸，從寅的下一宮卯上(順數)起乙、午上起丁己、酉上起辛、子上起癸。如圖：

食指	中指	無名指	小指
巳	丁己 午	未	申
辰			辛 酉
乙 卯			戌
寅	丑	癸 子	亥

這樣就可以得出祿神。

我們看十二宮圖即知：

食指	中指	無名指	小指
丙戊 巳	丁己 午	未	庚 申
辰			辛 酉
乙 卯			戌
甲 寅	丑	癸 子	壬 亥

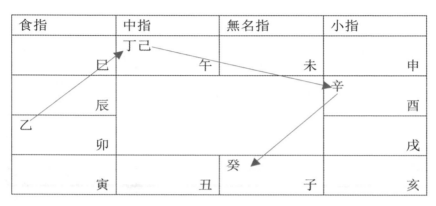

祿神不可逢沖

舉例：庚日祿在申，遇寅年、月、日、時沖祿，錢財留不住。

陽刃、飛刃

陽者，陽剛也；刃者，刑也。陽刃者，極盛之處也。言其至剛至堅，臨於危險邊緣也。日元弱者喜刃，旺者忌刃。

經云：「煞刃兩停，位至王侯。」

又云：「身強遇刃，災禍勃然。」

歌訣：「甲刃在卯，乙刃在寅，丙戊刃在午，丁己刃在巳，庚刃在酉，辛刃在申，壬刃在子，癸刃在亥。」

羊刃：要不沖不合，有制者方吉。身弱印輕者，或財星過旺，逢羊刃反大吉大利。男命殺無刃不顯，刃無殺不威，兩者雙全非常人物貴不可言。其性剛烈、暴戾、急躁衝動。

飛刃：即為羊刃支對宮，甲刃在酉，乙刃在申，丙戊刃在子，丁己刃在亥，庚刃在卯，辛刃在寅，壬刃在午，癸刃在巳。

祿神圖

食指	中指	無名指	小指
丙戊 巳	丁己 午	未	庚 申
辰			辛 酉
乙 卯			戌
甲 寅	丑	癸 子	壬 亥

我們看十二宮圖即知：

羊刃圖

食指	中指	無名指	小指
丁己 巳	丙戊 午	未	辛 申
辰			庚 酉
甲 卯			戌
乙 寅	丑	壬 子	癸 亥

參考以上兩個圖表，祿神與羊刃就是位置對調而已。而飛刃在陽刃的對宮。即下面的圖表：

日干	甲	乙	丙	丁	戊	己	庚	辛	壬	癸
羊刃	卯	寅	午	巳	午	巳	酉	申	子	亥
飛刃	酉	申	子	亥	子	亥	卯	寅	午	巳

我們來看祿神與陽刃、飛刃的關係，即祿神陽天干順數一位即為陽刃。祿神陰天干逆數一位即為陽刃，而陽刃對宮即為飛刃。這樣背起來就簡單多了。所以羊刃、飛刃戶為沖剋。

劫煞、亡神、桃花

劫煞：命犯劫煞，主多非破財之事。易犯小腸、耳、咽喉之疾病。

亡神：命帶有亡神之人，多半城府較深，較有心機之人，喜怒不易表現出來。

桃花：又名咸池。年、月之桃花，稱為牆內桃花，主夫妻恩愛，日、時桃花，為外桃花主人人可採。

（桃花並不見得如古眾說法那麼荒淫可怕，尤其遍地桃花，人盡可夫。桃花也可以說是人脈）。

日支	子	丑	寅	卯	辰	巳	午	未	申	酉	戌	亥
劫煞	巳	寅	亥	申	巳	寅	亥	申	巳	寅	亥	申
亡神	亥	申	巳	寅	亥	申	巳	寅	亥	申	巳	寅
桃花	酉	午	卯	子	酉	午	卯	子	酉	午	卯	子

我們把它改一下，就比較清楚了。

日支	寅	午	戌	申	子	辰	亥	卯	未	巳	酉	丑
劫煞	亥			巳			申			寅		
亡神	巳			亥			寅			申		
桃花	卯			酉			子			午		

桃花

申子辰雞（酉）叫亂人倫　申↓酉

寅午戌兔（卯）從東方出　寅↓卯

亥卯未鼠（子）子當頭倚　亥↓子

巳酉丑躍馬（午）南方走　巳↓午

舉例：只要是有申、子、辰的年、月、日碰到酉就有桃花，以下類推。

子、午、卯、酉遍野桃花。四個都有↓桃花煞

年支與月支　牆內桃花（自己與長上乃親情之愛，不會有事）

日支與時支　牆外桃花（配偶與子息乃肌膚之愛，閨房之事）

寅酉元辰，非貧則夭，要點燈（一燈破千年暗）

殘花煞

日支	月支	時支
申子辰	巳午未	巳
寅午戌	亥子丑	亥
巳酉丒	亥卯未	寅
亥卯未	申酉戌	申

男命犯此盜賊之命
女命犯此少入娼門
年老貧困無依

咸池煞

寅午戌生人見卯
申子辰生人見酉
巳酉丒生人見午
亥卯未生人見子

男命逢之慷慨風流
女命逢之酒色猖狂

倒插桃花、慷慨風流

年支	月支	日支	時支
子	亥	卯	未
午	巳	酉	丒
卯	寅	子	戌
酉	申	午	亥

裸體桃花：女命為主

日主為：甲了、庚午、丁卯、癸酉（干與支相沖剋）

日時為緊

八專：甲寅、丁未、戊戌、己未、庚申、辛酉、癸丑、乙卯

八專號稱淫慾之刃煞，

日柱見之有不正之配偶，

時柱見之有不正之子息，

多主風流好色，以日柱為主。

九醜：乙卯、乙酉、戊午、己卯、己酉、辛卯、辛酉、壬子、壬午（走極端）

九醜為妨害之辰，易用感情是非對簿公堂，身敗名裂，多主風流好色，以日柱為主。

男打財（奇遁）、女打官（奇遁），才會有異性緣。

也就是說正財為男之妻，而正官為女之夫，若八字無正財、正官者，可以書寫、刻印該命造上即可。

例如：

乾造（男士）日主為丙、則辛為乾造之財，坤造（女士）日主為丙、則癸為坤造之官。

劫煞為寅亥合、申巳合、亥申害、巳寅害。

亡神為亥申害、巳寅害、寅亥合、申巳合。

桃花為子午卯酉，卯戌合、辰酉合、子未亥、丑午亥。

紅豔煞：現於年柱及日柱方真，主浪漫多情，對情慾較為敏感，較不顧事俗的眼光，對異性有隱性的吸引力。

古歌訣：「多情多慾少人知，六丙逢寅辛見雞，癸臨申上丁見未，眉開眼笑樂嘻嘻，甲乙見午庚見戌，世間只是眾人妻，戊己怕辰壬怕子，祿馬相逢作路妓，任是世家官宦女，花前月下也偷情。」

日干	甲	乙	丙	丁	戊	己	庚	辛	壬	癸
紅豔煞	午	午	寅	未	辰	辰	戌	酉	子	申

我們看 12 宮圖即知:

食指	中指	無名指	小指
巳	甲乙 午	丁 未	癸 申
戊己 辰			辛 酉
卯			庚 戌
丙 寅	丑	壬 子	亥

流霞：男犯流霞刀下死，女犯流霞盆上亡。男命刀下亡（有待求證），女命犯流霞，生產時確實較不順利。

古訣云：「甲雞乙犬丙羊加，丁是猴鄉戊見蛇；己馬庚龍辛逐兔，壬豬癸虎是流霞。」流霞以日主，見者即是。

歌訣為：甲日酉，乙日戌，丙日未，丁日申，戊日巳，己日午，庚日辰，辛日卯，壬日亥，癸日寅。

孤辰、寡宿、大耗

年支	孤辰	寡宿	大耗	大耗
子	寅	戌	未	巳
丑	寅	戌	申	午
寅	巳	丑	酉	未
卯	巳	丑	戌	申
辰	巳	丑	亥	酉
巳	申	辰	子	戌
午	申	辰	丑	亥
未	申	辰	寅	子
申	亥	未	卯	丑
酉	亥	未	辰	寅
戌	亥	未	巳	卯
亥	寅	戌	午	辰

我們看十二宮圖即知：

食指	中指	無名指	小指
申 巳	申 午	申 未	亥 申
巳 辰	孤辰		亥 酉
巳 卯			亥 戌
巳 寅	寅 丑	寅 子	寅 亥

這些圖表我們再做轉換

即：亥子丑見寅、寅卯辰見巳、巳午未見申、

申酉戌見亥

食指	中指	無名指	小指
辰 巳	辰 午	辰 未	未 申
丑 辰	寡宿		未 酉
丑 卯			未 戌
丑 寅	戌 丑	戌 子	戌 亥

這些圖表我們再做轉換

即：亥子丑見戌、寅卯辰見丑、巳午未見辰、申酉戌見未。

陰錯陽差

丙午、丁未、戊申、丙子、丁丑、戊寅、辛卯、壬辰、癸巳、辛酉、壬戌、癸亥。等十二組干支，以日柱最嚴重，月、時柱次之，年柱較輕微。

食指	中指	無名指	小指
癸 巳	丙 午	丁 未	戊 申
壬 辰	陰錯陽差		辛 酉
辛 卯			壬 戌
戊 寅	丁 丑	丙 子	癸 亥

金神

己巳、癸酉、乙丑等三組干支（口土為主）稱為金神。

訣曰：金神入火鄉，財發如猛虎。

又曰：金神入火鄉，富貴天下響。原局無火力，遇火運顯達。

命宮、身宮

命宮：36歲以前屬先天，是為靈性的變化。

身宮：36歲以前屬後天，是為肉體的變化。

命宮、身宮的排法

命宮的推法是從五虎遁年取月訣，順屬至生月，再從生月（命宮逆數、身宮順數）至時，即為該日主之命宮、身宮。

舉例：民國50年（辛丑）3月丑時，算命宮、身宮。

由五虎遁年取月來看

甲己年起　丙寅

乙庚年起　戊寅

丙辛年起　庚寅

丁壬年起　壬寅

戊癸年起　甲寅

辛丑年起庚寅，再由寅宮為1月數至3月為辰宮，由辰宮(命宮逆數、身宮順數)起子至丑時，則推算出該命造命宮在寅、身宮在巳。

食指	中指	無名指	小指
丑時(身宮) 巳	午	未	申
3月 子時辰	命宮　身宮		酉
2月丑時(命宮) 卯			戌
1月 庚寅	丑	子	亥

命卦

我們可以光看對方的出生年算出命卦，就可以大致得知對方的性情，無疑的，這可以當作幫對方算八字的敲門磚，尤其是剛認識不久，不方便問對方的出生年月日時，就可以先從對方的出生年得知性情，一旦對方有興趣時，自然會告知其生辰了，所以在這本書介紹命卦，也是這個用意。

其二，我們也可從命卦中算出何種分配較適合，或從配偶的命卦算出兩者之關係。

五行命卦表

命卦【一白】【二黑】【三碧】【四綠】【六白】【七赤】【八白】【九紫】

卦位【1坎】【2坤】【3震】【4巽】【5黃(男坤、女艮)】【6乾】【7兌】【8艮】【9離】

五行【水】【土】【木】【木】【金】【金】【土】【火】依次對應

八卦方位表

【坎】北【坤】西南【震】東【巽】東南【乾】西北【兌】西【艮】東北【離】南

如何用本身的時辰排出自己的命卦？

1. 先把自己的年份(農曆立春之前)，個位數跟十位數相加，若還是二位數時，再把其個位數跟十位數相加，加到小於十為主。

2. 男士由起【7兌】逆數、女士由起【8艮】順數至該宮位，即為所在命卦。如下圖：

【4 巽】	【5 黃 (男坤、女艮)】	【6 乾】	↑
【3 震】		【7 兌】	↑
【2 坤】		【8 艮】	↓
【1 坎】		【9 離】	↓

舉例：

民國53年男士的命卦為何？

解：5+3=8，由兌上逆數至8為離卦，即為該男士之命卦。

民國94年女士的命卦為何？

解：9+4=13（是二位數），所以再加一次1+3=4，由艮上順數至4為坤掛

乾兌離震　　巽坎艮坤

有老父特質　　有老母特質

命卦的特質

1. **乾：**為老父。有志難伸、受外人左右、善交際、重道德、財官雙美、險限、莫測高深（不要悶在心裡）。
2. **坤：為**老母。長養萬物、包容、缺決斷、沒安全感。內外柔順、不貪功會有收成。要做又要唸。
3. **震：**雷霆萬鈞。性喜動、剛毅、急躁、不服人、脾氣大（易傷肝）、顧前不顧後、仁慈（屬木）。
4. **巽：**風。如沐春風。不受人影響、內柔外剛、聰明、秀氣、潔癖、易不舒服。
5. **黃：**男坤女艮。
6. **乾：**晴空萬里剛健、固執、韌性、積極、止直、不圓融。
7. **兌：**湖光春色外表溫和、客氣、自我。
8. **艮：**不動如山固執、樸實、正直、同情心、常貪做超出自己的能力。
9. **離：**熱情明亮。

奇經納卦新法寶

西四命↓事情發生時，往負面想
東四命↓事情發生時，覺得沒什麼

一　坎、水、腎↓開竅於耳，會腳痠，肚子不要凸，坎中滿，君子陷於小人之位。
智慧最聰明的卦數，不受人左右，較不安定，常受感情困擾。
注意血、精、黏、液。注意腎、膀胱、耳鳴↓因為是小腸、腎的問題。
水卦：申脈（膀胱經）（陽蹺）、照海（腎經）（陰蹺）。
保健：盆子放熱水＋精油，腳踏高爾夫球按摩湧泉穴。

二　坤（腹）、肌肉、屬土（膚色較黃），三個陰爻，不喜歡自作決定。接受無所不包，當臣不當君。
腸胃的毛病，病因為血，任脈、公孫↓脾經。
脾濕↓吃有甜味。脾寒↓嘴唇青黑。脾熱↓嘴已焦黑。脾虛↓吃而無味。

三　震、雷、動。甲木的特質，直來直往、一鳴驚人。愛出面、常吃虧、心善。
先天心包、三焦有問題。丁火。鼻青↓肝不好。鼻黯沉↓大腸不好。

排毒問題。有老母的特質（兩陰爻一陽爻）。膽是肝的餘氣。

四　巽、風（來無影、去無蹤），易坐骨受傷，要練習彎腰。不能坐、睡軟墊。秀氣、潔癖，如沐春風。

善良、仁慈、柔順。要善用柔順的特質。（生在寅卯辰好）
有老父的特質（二陽爻一陰爻），排毒能力不好，容易中毒。
臨泣、列缺。腎入骨、肝入筋。

六　乾、頭痛→氣病（頭、腳氣腫），按臨泣穴。不受拘束、不要越權，要圓融、陽光。
固執、任性，物質運好，錢都花在六親身上。
主骨，要挺直。（金）呼吸。與裂缺有關。
痛在耳旁→膽不好。痛在腦後→膀胱不好。痛在前額→心、循環系統不好。

七　兌、眼睛、牙齒不好。喜歡罵人、指揮人。
兌+己土：一生不愁吃穿，要心存善念。
不要得罪人。口、舌、牙、眼→病因。個性強（外柔內剛）。
不要好大喜功，適合做公關（與巳月同），小便灼熱。

八　艮、營養吸收有問題，手尾骨僵硬、肌肉痠痛→小腸有問題。
難搞、善良、孝順、守信。注意糖尿病、脾、胃臟。
脊椎容易受傷（同時是黑暗跟光明），精力充沛但後勁無力。

九　離、丙火、小腸：熱情、聰明、光明。心臟、血壓、循環系統、眼睛不好。

不要硬撐，像甲殼類(外硬內軟)，需要掌聲。
需要沉與靜，沒耐性，智慧高。
先天(心、小腸)，後天(眼、脾臟)，心血不足，多夢。
內、外關要常按。

流年地支往日主看，看今年走不走運

			木局			火局			金局			水局		
			寅	卯	辰	巳	午	未	申	酉	戌	亥	子	丑
木	甲	乙	○	○	○	X	X	X	X	X	X	○	○	○
火	丙	丁	○	○	○	○	○	○	X	X	X	X	X	X
土	戊	己	X	X	X	○	○	○	X	X	X	X	X	X
金	庚	辛	X	X	X	X	X	X	○	○	○	X	X	X
水	壬	癸	X	X	X	X	X	X	○	○	○	○	○	○

看身強身弱

生我、同我為身強，其他（我生、我剋、剋我）為身弱。

以月支之何局對日干之五行。

土、金：無生我，只有同我。

巳午未、申酉金：無生我，只有同我。

身強↓生我、同我。

身弱↓我生、我剋、剋我。

身強↓洩、剋、殺。

才華、財、名聲地位。

身弱↓印、比。

貴人、本氣。

1. 身強喜走弱運、身弱喜走強運。
2. 身強足以任財官、身弱不足以任財官。
3. 身弱逢財必破財、身弱逢殺必遭殃。
4. 有運有沖則發、無運有沖則貴。

	++ −−	−+ +−
同我	比	劫
我生	食	傷
我剋	才	財
剋我	殺	官
生我	P	印

5. 流年大於一切、害大於有運。

身強難過比劫關、身弱逢財必破財

身強難過比劫年

月柱、日柱沖：要注意身體。

婚姻不順：男帶劫財（劫正財）、女帶傷官。

比劫就是人脈，等同於桃花，身弱靠朋友。

有帶比劫：可從事競賽，找出自信，會自醒想吐苦水要找你的「財」。

帶比劫常吃虧（比較相信朋友）要貨比三家，常佈施的人帶偏財（財施、法施、無畏施）。

「辰、戌、丑、未」入庫月要小心，百業蕭條。用財、官、印調理自己。

比劫—朋友

女命以食傷論子息、正官論丈夫、七殺論小夫、男朋友。

男命以官殺論子息、正財論妻子、偏財論妾、女朋友。

天干為外表。

地支為內心。

看走不走運看流年—流年地支往日主看。

流年

比劫—感情（優柔寡斷）　官殺—注意災難

財才—樂極生悲　食傷—思想大變化

印P—沒鬥志　正印：悲觀專家　P：主觀專家

第三篇

八字十神的綜合應用

十神適合的行業與特性

企業家、管理者：比肩、偏財。

藝術家：傷官、偏印。

慈善家：食神、偏印。

執行官：正財、正官。

十神特性

食神制殺：不賺錢。月柱、時柱帶P會有一隻腳無力。

傷官見官：不賺錢。

偏財、比肩：有賺錢人家幫你花。

傷官、偏財、七殺：超級賺錢。

食神太多：好吃懶做。

十神發財方式

比肩：業務財。

劫財：組織財。

食神：研發財。

傷官：技術財。

偏財：投資財。

正財：固定財。

正官：領袖財。

七殺：業務財（武市、批發）。

偏印：異路格、洗腦專家。

正印：理念傳承、思想觀念、宗教財。

劫財、食神：靠人脈賺錢。

流年刑、沖、會、合、害及奇門遁甲的運用

沖：逢沖則動，事情就會有變化。

根（年柱）：祖上、事業、房子、住家環境都會有關係。
苗（月柱）：內心（平常內心不敢做的，這時就會做或說出來）。
花（日柱）：配偶、創業點、疾厄。
果（時柱）：家庭、事業、子女。

合：有就帶走，沒有就給你。
根（年柱）：帶走，升遷、搬家。
苗（月柱）：網住內心、煩悶不想動。
花（日柱）：想婚，配偶聽不下去、結束工作。
果（時柱）：換工作，有志難伸，擔心子女。

害：爛掉，不會再長出來。可利用財解百毒，解「害」之毒。
刑：想不開（尤其是自刑）。
劫財與財同時，男性容易被仙人跳。因為財為女性，會為了女性而錢財被劫。

八字與事業（以日柱為主）：適合從事的行業

木：土木、中草藥、書、文具店、講師、勘輿、農業、黨政界、房地產、當鋪、殯葬、食品、生技、化學。

火：熱度、熱能、吃的、手工、陶藝、製造、休旅業、有光、塑膠、電腦、裝飾品、眼鏡、製造、化妝品、軍人、心理學家、演說家。

土：土木、房地產、防水事業、律師、法官、設計師。

金：延展性的事業、機械、鐵器、五術家、礦、開發、交通、珠寶、影歌星、金融、鑑定師。

水：向下流動的事業、運輸、流通、冰果、冷凍、水產、醫師、貿易、服務、清潔、漁業、導遊。

木：向上生長的事業、紡織、橡膠、文學、文化、教育、司法、發明、設計、草藥、醫療、敬神物品、宗教。

身強、有運：做財（我剋）的行業。

身弱、無運：做（生我）貴人的行業。

P太多：孤僻、固執。

比劫多：命理、計程車、傳銷。

官殺多：主管人才。

印P多：宗教家、講道理。

財才多：很會賺錢。

食傷多：演說、技術、智慧財。

八字斷疾厄

劫財年：生命力最低（劫健康、劫時間或劫錢財），不養身就養醫生。

走劫財年要佈施，有偏財是上輩子有佈施。

配偶欄：創業、配偶＋疾厄。

配偶欄入庫不好，以下生上（地支五行生天干五行）最好。

看疾厄：配偶欄不能有P、食、比，有衝的那一年有癌症。

官殺年有機會當老闆（官是計畫、殺是執行）。

男命：正財（天干）下財入庫表示有錢會進口袋，財下有桃花不好。

官下不可有子、午、卯、酉（桃花），財下有桃花也不好。

未婚沖到配偶欄是好事，沖出去（表示有喜事），結婚後拿下來（奇遁）。

印太多不想動，金多的人好睡，除非壓力大（睡不著）。

天赦日：（戊中、戊寅）逢凶化吉。

庚申日：適合唸經、懺悔日，要多做功德。

十神之生剋關係

官怕傷、被傷則禍。

財怕劫、被劫則分。

印怕財、貪財則壞。

食怕梟、逢梟則奪（梟印奪食）。

七殺制比肩、正官剋劫財（官殺剋比劫）。

比肩奪偏財、劫財奪正財（比劫剋財）。

偏財破偏印、正財破正印（財壞印）。

偏印制食神、正印制傷官（印剋食傷）。

食神制七殺、傷官剋正官（食傷制官殺）。

偏印生比肩、正印生劫財（印生比劫）。

比肩生食神、劫財生傷官（比劫生食傷）。

食神生偏財、傷官生正財（食傷生財）。

偏財生七殺、正財生正官（財生官殺）。

七殺生偏印、正官生正印（官殺生印）。

十神生剋的口訣

1. 傷財官印比生、財印傷官劫剋
2. 食才殺P劫生、才P食殺比剋

背生剋口訣有點像繞口令，這樣比較容易記下來。只要背第一段就夠了，第二段只是提供參考。

八字私房菜

傷官：會存私房錢，懂得付出，要用「財」解，帶煞容易中風（因為生氣），多吃素可以改變脾氣，就可以化解。

身強的人做事快速，而身弱的人常常做不完。

煞年：冤親債主找上門（身體有災）。

卯月生人：用鼻子看人，眼高手低。

傷官、正官年：變漂亮。

人一生要有兩庫，因為有兩庫很能調度金錢，最會理財。

打奇遁：1.財 2.庫。

印是長壽星，若正印被合，母親身體不好。

年柱是庫更要孝順，若父母健康（健在）才有庫。

庫在年柱，錢財在父母身上。

庫在月柱，錢財是自己一輩子的。

庫在日柱，錢財是在配偶身上。

庫在時柱，錢財是在子女身上。

馬：一個就好，最差是寅（馬）刑巳（無恩之刑）。

花＝偏財也等於人緣。

屬金天生帶劫，屬木天生是老師。

劫財的人喜歡生氣。

正印是貴人，印太多容易悲觀，要把多餘的印合掉。

辰：思想多、變化快。

偏財：異鄉發跡、舟車勞頓。

木：肝、膽，代表膽量。

水：只能共患難，不能共享福。

土：執行力最好。

金：最講義氣。

火：熱情，很會帶動氣氛。

有七殺要注意血光，有偏印要注意小人，有傷官要注意官非、訴訟，有劫財要注意財務。

傷官日抓帳最準。

從開運八字的四柱可以看出六親的關係，我們來歸納一下：

年柱：遷移、福德、父母、住家。

月柱：兄弟、內在心性。

日柱：個性、婚姻、疾厄。

時柱：子女、事業。

馬：業務、行動。

花：人際關係、感情。

庫：田宅、錢財。

財帛：才、財。

八字斷病因（致病的因素）

古代醫者：華陀、扁鵲、李時珍、孫思邈、張仲森。

不知易者，不足以為大醫。

南唐名醫陳無擇著有《三因極》共分為外因、內因、不內外因。

外因：風、暑、濕、燥、寒、火（六氣）→六淫。

木火土金水

內因：喜、怒、憂、思、悲、恐、驚。

人以五臟生五氣：喜、怒、悲、恐、驚乃屬五臟。

心的情志為喜，肝的情志為怒，脾的情志為思，肺的情志為憂，腎的情志為恐。

不內外因：車禍、意外。

諸風掉眩皆屬肝

諸痛癢瘡皆屬心

諸濕腫滿皆屬脾
諸氣膹鬱皆屬肺
諸寒收引皆屬腎

十神的病因

比肩：心、肝。

劫財：憂鬱、慢性病。

食神：腸胃、糖尿病。

傷官：燥鬱、血光、五官、肺。

正財：腦、泌尿。

偏財：肝、腎（乙癸同源）。

正官：憂鬱、自閉、自殺。

七殺：血光、心、腫瘤、疤。

正印：憂鬱、老人癡呆、便祕。

偏印：脊椎、腳、腸胃、食道。

八卦病因

1坎：泌尿、耳朵。女（婦科）。

2坤：腹脹。危機處理好。

3震：手足、肝膽。雷聲大雨點小。

4巽：風、頭痛、濕（皮膚過敏）。聰明。

5乾：掌控力強、義氣。肺。

6兌：作夢、傷人。呼吸。

7艮：脊椎、保守。

8離：眼睛、心血管。

十神比、劫專論

比肩

比肩：當柱時期愛念書，但過柱就鬆懈了，因為比肩有比較、競爭、不服輸的意志。與人分享（爭奪）周遭的人、事、物。

比肩在年柱：1～16歲小時父母親花錢或被劫走，早熟、好交朋友，體恤、懂事。

比肩在月柱：17～32歲朋友多、感情困擾。

比肩在時柱：46～64歲晚年經濟差不適合金錢投資，流年到比肩要小心，不會規劃時間、金錢

比肩：好勝不服輸。同等競爭關係，損失財，朋友多，感情困擾，得失心重，所以若是夫妻柱有比肩，表示會有第三者在競爭，交女朋友會比較辛苦。

比肩會奪財，會有經濟壓力，大多數不是長出就是兄弟多，愛玩、不愛念書，錢財與別人共用。須對子女放下姿態才易溝通。

較不服長輩。多分擔長輩的責任。

重原則不妥協，較容易被騙。較自我，要找成功的方法，不會體諒別人，會帶朋友，適合做仲介、直銷等需要朋友幫忙的行業。

劫財

劫財在年柱：小時父母親花錢或被劫走，早熟、好交朋友，體恤、懂事。

劫財在月柱：兄弟姊妹排第一、為朋友、兄弟失財。

劫財在時柱：疼兒女有求必應，不與子女同住。晚年錢財易被子、女敗光。

有劫財會劫：金錢、健康、感情、時間。

有錢就有地方花，對自己節儉對別人慷慨。要加強理財，朋友滿天下知心無幾人，要擺對位置不然血本無歸。一輩子不能做投機生意。

身弱走運時比劫OK，朋友多是合作業務。大公子，不會被打倒、不怕吃苦。有比劫會作怪。

劫財不重原則，易妥協，較不容易被(路人甲)騙(騙也騙不多)。不會做生意，分不出好壞人(濫好人)。所以財產不要太早分給子女，否則不易安享晚年，或者是財產分光後被當人球來踢。

不能玩股票，不要與人合夥。見風轉舵，通融性佳。相識滿天下、知心無幾人。有雙重人格、對女子多情。

懂得社交、公關、製造氣氛，朋友第一、自己第二、家人第三、老婆第四。所以先生、男朋友有劫才要三思。

劫財在日、月柱容易遺忘、遺失東西。

十神食、傷專論

食神

食神：怕P，梟印奪食（P食），易得糖尿病、高血壓、外傷。先天樂觀。溫文儒雅、氣質、誠懇、樂觀，做事不計較、有文藝氣息、喜歡看書、有才華、會慢慢累積財富，有研發能力、毅力強。

食神在年柱：斯文、美貌。

食神在月柱：靠頭腦生財。

食神在時柱：長壽。

女生：偏印年懷孕小心流產。梟印奪食。

食、傷：最會賺錢，但是常睡不好，想太多。

食神：斯文、樂觀（被認為不夠積極）、專業、才華（文）、技術，（福、祿、壽）之星，很會讀書。

身強：喜歡拆玩具，會組合起來。

身弱：喜歡拆玩具，不會組起來。

食神怕偏印，小心梟印奪食（打江山給別人），斷送財根。

疾病：腸胃、糖尿病、消化系統、四肢、血光之災。

傷官

傷官：賺錢第一名（超過偏財十倍），一個傷官有5000萬，洞察先機、要求完美、個性好強、反應快、邏輯強、能言敢說，品質、信用好，學什麼像什麼，表現過頭會有危機，要學老二哲學（不要強出頭），跟車關有關係。顧子、自尊心強。身強要有財（食傷生財格）老闆命。有潔癖、要求完美。跟父親不善溝通、龜毛。

傷官在年柱：家道中弱、考運差、跟長輩不好、女帶傷官要晚婚。

傷官在月柱：對兄弟付出、不易溝通。

傷官在時柱：子女緣薄、不好帶。

流年：身弱、勞多獲少。

喜歡把自己的東西放在別人的腦袋裡面。

身強：靠頭腦賺錢。

食傷論子息 傷官年要低調。

傷官：非常聰明、學習超強、要求完美，所以常常親力親為。

武才華，女有傷官會傷婚姻（傷官見官禍百端，官是先生）。男有傷官傷事業（傷官見官禍百端，官是事業），無考運。小S、林青霞都是帶雙傷官。

女命傷官超疼老公，會讓老公受不了。

傷官常有血光、躁鬱症。

食、傷（優點）：發揮才華、專業技術。

食、傷（缺點）：多愁善感、情緒不穩。

地支藏干，流年會沖出來。

月柱有傷地支又藏傷會要求完美。

十神財、才專論

正財

正財：個性保守、放不開、上班族、節儉、慢慢累積財富，不缺錢。地支有財才是財。男命疼老婆。

命中三寶：財、官、印→古時好用→文官。

命中三魁：偏財、七殺、偏印→現今好用→武將。

身弱逢財不是財、出生父母不聚財。

正財在年柱：小時候愛玩不愛讀書。

正財在月柱：出社會想賺錢、異性緣佳。

正財在時柱：男為錢煩惱。

比肩奪偏財，劫財奪正財（工作）。

財破印，有婆媳問題。

偏財

偏財：財養傷。愛玩不讀書，交際好、笑口常開（財解傷）、資訊快、野心大。不看小錢不怕輸，無挫折感，看錢不重，疏財仗義，非正式財源。財來財去。看流年何時被合偏財（注意父親）。早婚、愛妾不愛妻、慷慨。

偏財：4朵花、當業務、慷慨，善用機緣賺錢。

偏財在年柱：與父緣薄。

偏財在月柱：大買賣。

偏財在時柱：臨老入花叢、時上偏財，富比石崇、業務格。

偏財年有婚外情，財多花心。

天干有財身強、有桃花不怕知道。

偏財養七殺：風情萬種。

十神官、殺專論

正官

正官：命令較溫和、不疾不徐、會壓抑自己，光明正大、考運比七殺好、開放式討論。不怒自威、不積極。

正官在年柱：愛哭、家教不錯、名聲地位浮現。

正官在月柱：出社會名聲顯。（弱）財官不能太多。

正官在時柱：子孫顯。

官年怕傷官月、三官反格變殺、三殺反格變官。

有錢有官才是官。女命帶官殺，有幫夫運。

年柱天干（官）地支（殺）受長輩疼、內心反叛（天干為外表、地支為內心）。

年柱天干（殺）地支（官）受長輩嫌、內心規矩（天干為外表、地支為內心）。

年柱有（殺），幼年有意外發生。

月柱有（殺），敢挑戰。內心（地支）帶殺是披著羊皮的狼。

女命配偶宮有官：先生走不出去，（外貿協會），疼愛老婆捨不得出門。

女命配偶宮有殺：先生有才華，很有個性。

女命太早結婚養老公，晚結婚老公養。

男命配偶宮有官：老婆妻管嚴。

男命配偶宮有殺：老婆有才華、倔強、家事一把抓。（戊寅尤烈）。

時柱（干）帶官：時柱是事業柱，干為外表，帶官表示官運亨通。

時柱（支）帶官：時柱是事業柱，支為內心，所以對部屬可以請客交心，否則會有衝突。

時柱（支）帶財：帶人要用錢來收買人心，略施小惠。

日主沖到殺，很容易碰到阿飄。走殺年敢說、敢做。

命盤有官無財，官位不保（因為財能生官）、命盤有官無印，有官無權。

七殺

七殺：有挑戰性、武將，無惻隱之心（在地支時），比較慢慢顯現，責任感重。缺錢時什麼都敢做，常受流年困擾，懂得笑臉迎人時就會成功。小人多，被逼時就會往前走，不服輸不怕輸，一旦在高峰就會安逸。流年走殺（吃素），革命、叛逆性、剛強。

殺旁有印可分擔壓力。目標導向。給神佛當義子（避難），官殺年（身強）考運佳，化殺為權。

身弱帶殺，會為感情付出而放棄前程。殺是油門、印是煞車。

七殺在年柱：身上有疤（身弱）多災、頑皮。

七殺在月柱：易早婚、易失去。

七殺在時柱：小孩難教（該日主的小孩）。

流年合殺：權力不見（殺被合住），無法發揮。

身弱逢殺必遭殃，災禍、是非、血光。

身強：食神制殺（剋）。

身弱：正印化殺（洩）。

走殺年，脾氣壞。我們可用食神制化或者多去佛堂化掉殺，求神佛慈悲解殺（常讓心中佛浮現）、洩印（殺生偏印）。

女命 年柱有殺，被當男生養。

殺：理直氣壯、義正嚴詞。

官：理直氣和、義正詞婉。

殺印相生貴人扶，主人厚道。

十神印、P專論

正印

正印：正派。不愛變化，不動、肥胖。缺乏進取。

印多慵懶。異中求同、固執、處理。正印太多會主觀，懶得說。

正印在年柱：祖德好，有宗教緣、跟父母有緣。

正印在月柱：兄弟、朋友挺你。

正印在時柱：宗教、修行、吃素、老人癡呆。

流年要注意母親身體。

偏印

偏印：奇兆異數、同中求異、做研究追根究柢。印P重現，猶豫不決。動腦教別人做。不主動、懶得動腦、眼色好。用思想整合人脈，賺組織的錢。固執。

偏印在年柱：（有雙性祖先），小時不好養，離群索居，要透過引導。

偏印在月柱：主觀、易被扯後腿，解除壓力的來源。

偏印在時柱：犯小人。（身強）自己製造出來。缺點：富攻擊性，為反對而反對、多話。

事業柱：要廣結善緣。才華：P、傷。

流年：女怕煞（懷孕），偏（梟）印奪食。為子女煩惱。

內心帶P，表面上很好內心難搞，脾氣拗。

殺：眾生業。

P：家業，要把子孫顧好。

男生有P，不想沾家事。

日主P的人：對於錢財是身外之物，不重視錢。與神佛有緣（前世修行過但是只修一半），所以要多信神、拜拜。喜歡吃肉。工作認真。

地支有印、P，流年沖上來要注意。

婚姻柱有殺、印相生，會出軌。

辛金帶印、P，清新脫俗。

殺、印相生貴人行，出外見貴，住家見鬼。

日主印的人：別人給你出狀況磨練，能讓你【成仙成佛】，是非常傳統的家庭。

庫： 時柱（地支）有辰、戌、丑、未，做事最認真但是做得慢、辛苦。一次只能做一件事。

馬： 時柱（地支）有寅、申是靠勞力賺錢。有巳、亥是靠頭腦賺錢。反應快，會發落工作給別人，行動力快，好勝、業務高手。

花： 時柱（地支）有子、午、卯、酉會叫別人做事而自己不做（純粹動口不動手）。

寅： 可承擔壓力。

地支藏干有比肩者，自己好勝不服輸，自己做，不問人。有利害關係人會對他人好。

地支藏干有劫財者，凡事問長上。自己無法做決定。

鋒芒一出會被扯後腿。

天干有財、地支寅，當老闆，會賺錢。

天干有傷、地支寅，做事受阻礙、執行力不夠、悲觀。

申： 最急性，不要隨便就答應小孩的需求，想快速看到結果，會舉一反三。

日主：甲木申時藏干庚（殺）的人比較強勢，是領導者。

日主：丁火申時藏干庚（財官）的人為了面子想很多，不會讀書、成績中上。

巳：悶騷型，習慣觀察環境，自己說不要不代表真的不要。要對小孩要多關心。

丙（比）表裡不一。

有P、食的人會被扯後腿（梟印奪時）。

亥：最聰明，年老有腦神經問題，可熬夜但有起床氣。

日主：庚金時柱有財乙亥的人要學一技之長。

日主：庚金時柱有財巳的人會讀書，可做行政＋業務。

時柱有驛馬的人不要幫他規劃未來方向，比較主動，他會自己動起來。

時柱天干有印的人要幫他規劃未來方向，比較被動，需要旁人提點。

花（都是單氣）的人容易掌握機會，也易失去，男命、女命、場空。

子：做事縮頭縮尾，很聰明，怕人多。

時柱地支有子、未的人第一步起步難。

日主甲：時干印（印通根），工作可以做很久，談錢會有是非。

日主甲：時干財，會因被誤會而離開。

時柱地支有午的人，心際不穩定，有事會說，會孤芳自賞，不能硬碰硬，容易發無名火，也會莫名流淚。

會自刑。

天干丁、己的人最會記恨。

戌：（戊辛丁）內心交戰。

卯：狡兔三窟，一個人同時做三份工作，出外不會交代清楚。

時柱地支藏干（乙），好勝不服輸，做事憑感覺。

日主丙，方向感不好。

日主庚、乙時被合（乙庚合金），會被同化。

才旺的人比較不會感恩。

酉：時柱地支藏干辛金，有雙重個性，報喜不報憂。可從臉上看出個性。腳比較沒力（雞的腳）。

時柱地支庫的人習慣躲在角落。孝順但不會講好聽話。

時柱地支有辰，天上的老大（辰為龍），要別人幫他做。講理說不清。不要隨便刺激他（自刑），脾胃不好（有怨氣）。

戌：忠心（戌是101忠狗），比劫個性。好勝，講話重感覺。

懂得安撫她的心，要他受重視，愚忠。很會做人際關係。

丑：任勞任怨，有4個庫，比其他人辛苦。有運賺盡天下財，無運散盡天下財。學習力慢，一旦學會就很快。讓他專精的學一樣。

未：無膽（羊無瞳），慢慢聊可談，但是物極必反。講對會默認，做錯不會說對不起。

正財旺者：具商業頭腦，經營事業屬固定、穩定性質。正財，腳踏實地之財，投機性質行業要避免。「財多身弱，富屋貧人」，例如許多出納、會計人員，日常經手大筆資金，皆非自己可以取用，多數此類過路財神也。身強財多者，理財能力佳，可往金融、財政管理工作發展，成就一定非凡。

偏財旺者：調動錢財能力佳，喜從事投機、冒險，富有變化之行業。偏財星，第二驛馬星，所賺取金錢多非勞力所得；須知身旺始可任財，日主弱，即使輕鬆得財，相對的也容易散盡錢財。日干弱，財多，可以合資做生意：比、劫為用，可得比劫之助益。偏財多者，懂得抓住機會，在商務談判上，具討價還價能力，若偏財星再逢驛馬星，最適合運輸、交通、外交等事業，豐厚利益可期。

正官旺者：公務人員、教職或政治相關行業。命局正官與正印相生，又為喜用者，在官場或是公職中如魚得水。八字以正官為喜用，多為日干旺者，行事果斷，官運亨通，官員、軍人、判吏……都可功成名就。正官強旺，又為八字之忌神，畏首畏尾，做事難有擔當，理財能力較差，故不宜經商，以上班當薪水階級最適合。

偏官旺者：軍警、醫界、司法權威等行業。命局偏官強，帶有陽刃者，有權威、做事果敢，從事武職、外科醫師、警察、軍人都非常適合，成就也大。殺、印同柱相生，是文武全才，功名顯赫，權重威嚴。有殺無印少文才，有印無殺少威風。日主旺方能任殺，喜見財星扶殺。

正印旺者：宗教、文化或是學術。正印太強旺，剋住食傷生財，金錢運用不靈活，管理財務還是從商都不妥。文化事業或靜態行業比較適合，能有正官來相生，可為文官。

正印逢華蓋，宗教、學術界聞名。八字四柱多正偏印，又為正印格，對事業易分心，因本業與副業交雜。

偏印旺者：創造性產業，企劃、設計。偏藝之星，應變能力強，精明幹練，如演藝、醫師、律師、宗教……範圍比較廣，總之，固定、勞動性質行業除外。偏印格之人，常有兩種以上的事業或工作，有時會身兼多職無法專心一個工作。

比肩旺者：宜從事勞動性、製造業等活動性行業，發達較易。比肩多且為忌神，合夥事業避之為宜；比肩星為友朋，忌神代表易受牽連，甚至奪我財。是喜用神者，可以與人合夥投資事業；可得朋友、兄弟、合夥人之助。身旺，比肩多財又弱，因比肩剋偏財之故：投機、冒險行業不宜。

劫財旺者：武市創業最適合，唯勞碌至終，因財起爭端。劫財多，日主強旺，命局最需食神、傷官或官星，貼近日主剋洩制化，否則主觀意識強，服從性差，故宜自由業，以技術、工程人員較能順心，發揮所長。劫財旺，財星也不弱，自己當老闆，可用己力一展長才。

食神旺者：適合文學、藝術。生性喜歡追求快樂，休閒、旅遊、娛樂、餐飲業亦可。日主旺，食神有力，多才多藝，容易獲致成就。日主旺，食傷秀生財者，主智慧、技藝生財。食神、正財力量強過傷官、偏財者，賺錢較勞心。傷官、偏財力量強過食神、正財者，賺錢較勞力。身弱者，不適合生產性工作，因其身弱，有好逸惡勞之傾向，事業難有成就。

傷官旺者：服務業、律師、教授、政治業都合適，口才佳，擅長表現，聰明易外露。不喜受人約束，自由業最適合，命局多帶傷官者，創造、發明特有天分，八字又見財星者，可用技術發明與創新來生財。傷官乃辯才之星，反應靈敏，如能善用口才，事業一定可順心發展。食傷旺者又身弱，不可從事官職：食傷剋官殺，常會目中無人，無法服從長官指示。

八字婚姻專論

在八字中，男人的妻星指正財，正財不見，則看偏財（為妾）。女人八字中夫星指的是正官，正官不見權取七殺（異性朋友）為夫。

月支是自己，日支是配偶宮，即日主的坐支。用四柱八字來判定人的婚姻好壞，主要看八字中的月支和日支間沖、合、會、刑、害的關係，或月支藏干的天干五合的關係，夫宮也如妻宮一樣指八字中的日支而言。不過，有些人的八字正偏財或正偏官一個字都不見，就看地支以下的藏干有無財官?假如還是沒有就看流年、流月，或者根據滴天髓中揭示的方法以用神、使用神者論妻或夫。

男人論妻，以正財為準，若無正財、偏財也可；八字明現了正財，只要日主不大衰弱，將會娶到好老婆；若有兩個正財，可能有兩次婚姻。若是日主旺，又明現了正財，以財為喜用，則主妻美而賢，事業成功。先賢金子樵曾說：「財多妻妾，參看日支，凡身旺財旺者，大抵富而多妻妾，日坐財宮而得用者，必因妻而致富貴。」

女人論夫，以正官為準，若無正官則看七殺。七殺若多，則主異姓緣濃厚，若七殺逢沖、剋，可能淪為風塵。八字中若見正官明現，日主旺相相平和，以此正官為喜用，將會嫁到一個好丈夫，丈夫得力有依靠。

相對的，假如男人八字中，財為忌神。則不容易發大財，而且也很難得美妻。（假如身弱，此財適足以調候或通關的話，那就另當別論了）。

而如果女人八字中，以官為忌神，通常是身弱的八字需要印及比劫來生扶，而八字中見財來壞印生官而剋身，或干支官煞混雜無制，地支夫宮刑沖俱備而無解神，傷官太旺印少財多，則很難得到一個穩定的婚姻，而且也不容易得到一個良夫。

八字日支逢沖（只有兩種情況：月支與日支相沖，時支與日支相沖）。就會婚姻不順，家庭不穩定，易有家庭風波，居家不安，夫妻感情不穩定。容易離婚、分居，嚴重者家破人亡。

宜晚婚：1、命局無夫妻星；2、身弱而夫妻星為忌；3、夫妻宮有刑沖。

男財星（女官星）被比劫沖、剋配偶多災，容易有病傷亡之災；容易離婚、吵架、挨打。婚姻不順，夫妻口角多或多病。一生會有失戀煩惱。

日支多透者，一生戀愛機會多，異性朋友也比較多。日支全不透者，一生戀愛機會較少，宜經由他人介紹較易成功。

日支暗藏之透出在年干，則應多接觸大環境，如參加團體活動，或利用戶外郊遊方式等多接觸大眾，就比較有機會。可能透過長輩介紹，較容易找到對象。

日支暗藏透出在月干者，如果透過兄弟、朋友介紹，比較容易找到對象。

日支藏干透出在日干者，可能需自我主動積極表達，就會有人欣賞。

日支暗藏透出在時干者，可盡量在工作上或技術上，表現自己的能力，就會有人喜歡。

日支藏干透出在時干者，可經由晚輩介紹較容易成功。

流年干支與日柱天合地合者稱鴛鴦合，已婚男女遇鴛鴦合，多主外遇。

先懷孕後結婚：1、時柱同現夫妻、子星，且時柱與日干支有合；2、時柱同現夫妻、子星，且日時支同五行。

先同居後結婚：1、配偶星在年月柱不現，而現於時柱；2、時柱同現夫妻星和子星，男命財星與官殺，女命官與食傷；3、月日支相合。

婚姻不美標誌：1、八字太強、太弱、多合、刑沖太過，具備以上兩項；2、夫妻宮逢沖或逢合；3、日主弱，而配偶星旺而為忌；4、命犯孤鸞、孤辰寡宿；5、配偶星入墓，太弱，配比劫多者更忌；6、特殊格局如從格，化氣格，專旺格；7、配偶星成局或太旺，連及夫妻宮者更忌；8、全局無正星；9、配偶星空亡且入墓；10、夫妻星出現爭合，都易陷於三角戀愛。

妻子有災：1、日帶年墓；2、時干刃歸日；3、日支剋年納音；4、日支刃，時又帶偏印，妻有血光之災；5、妻宮坐羊刃被合，或是妻宮被羊刃所合，尤其是合為羊刃，妻子易生病開刀或外傷。

女命難婚：1、夫星太弱，夫星入墓，或無夫星；2、日元太弱或太強，卻不能成外格；3、成專旺格；4、比劫或食傷太旺擋在日元前面；5、夫星空亡或四柱中有兩柱空亡；6、從兒格，而命中或大運無財星；7、八字純陰或純陽；8、配偶宮帶寡宿；9、命無喜用神。

妻奪夫權：1、身旺官弱；2、食殺刃全；3、傷官氣盛而官弱；4、殺輕印重。

戀愛時遇到阻力，比如父母的反對：1、運支與配偶宮合，而流年支沖運支；2、結婚的流年支與月支刑沖。

男命年月干皆為正財，主雙妻，或挑兩家煙火。男命財旺又貼近日主，女命官旺又貼近日主，或比劫旺透，則異性緣較佳。歲運值異性星，更佳。

日支逢合，配偶有外遇之象；日支逢沖，不是婚姻不穩，便是夫妻分居，甚而生離死別之事。

男八字中財星（女官星），尤其男正財（女正官）星被合（被日主合除外）：配偶容易紅杏出牆，容易有婚外情，導致跟別人鬼混，有甚者跟別人跑了。

男八字中凡是正財、偏財（女正偏、官）多現（包括干透和地支本氣藏），易有外遇、外情，好色、多情，對異性有強烈追求慾望，因此會產生感情風波，婚前、婚後都會因男女感情之事而煩惱。婚姻感情方面不穩定，容易鬧家庭風波，因此而產生婚變，是多婚之兆。

男命偏財在前，正財在後，是婚前與別女人同居或與別的女人有夫妻之事。

男命正財被沖剋在先，日干支合正財在後，娶的是失貞之女或再婚之女。

男八字正財或偏財（女正偏、官）命局中只有一個（正、偏不混）：對愛情、感情比較專一，即使有外遇也注重家庭，很少會因外面的情人而拋離家庭。

尤其男正財（女正官）一位的人，對感情比較執著。婚姻感情相對比較穩定，不容易離婚（但也並非絕對不離婚）。

日坐正官，男得賢妻，女得佳夫；日坐正印，彼此融洽相處；日坐偏印，彼此不肯吃虧，難以恩愛；日坐食神，婚姻美滿，相敬相助；日坐比肩，自我，不尊重對方；日坐傷官，另有羊刃，重婚。

男八字日支是比肩或劫財的婚姻不順，夫妻兩個容易有口角、吵架。或者配偶身體不好。

男命財星先沖後合，或局無財星，大運財星沖局，流年後合財星，妻子為二手貨。男命財官同根，主妻美。

女命官殺為喜用，走官殺運還會偷人或有升官跡象；官殺為忌，月柱逢官殺或流年逢官殺，嫁有婦之夫。

女命日坐七殺，婚非原配，丈夫以前大都結過婚。

女命身強夫星旺，無財，配偶之父母體弱多病、多災難，或是無父母之孤兒養子；男命身強妻星旺，無食傷，會不利配偶之父母，略帶刑剋。

女命官殺混雜，丈夫性情不定，女命殺印相生，而殺重印輕，丈夫體貼自己；若殺輕印重，則是對丈夫管制厲害。

女命月令受年日地支雙沖，能安然偕老者，千中難見一人。

女命印旺官輕，坐堂招夫；男逢財多身弱，離祖求婚。

女命傷官見官，傷官氣勢強於官星，局中、大運又無財星通關，則丈夫的事業或身體不佳。

女命日坐傷官，不論喜忌必剋夫，婚姻不順。女命地支遇合多，官殺雙透，為人多情，對異性多具好感，談婚主意不定，見異思遷，再金水旺，荒淫無度，定有再婚之事。不管男女命，柱中金水旺的（金水多情），大多都風流好色。女命日月（柱）雙合，婚姻有困擾。

流年與日柱天剋地沖，或夫妻星墓運，或命歲運會齊辰巳戌亥，難以結婚。

日元與配偶星皆有墓，或日元有墓而配偶星只有偏星而無正星，則對象為已婚之人。

女命正官被比劫合去，丈夫有外遇，其對象的年齡與自己相仿。夫星被食傷合去，其外遇對象比自己小。夫星被印星合去，比自己大。被財星合去，其外遇對象是因業務或錢財而結合，或者是妻子介紹引起。夫星被喜用神合去時，外遇對象的學識、相貌、經濟條件都比自己好。

年月為先，日時為後，年月柱有異性星被刑沖剋合會穿，頭兩次或多次戀愛不能成功。

食傷是男人對女人的感情線，財星是女人對男人的感情線，感情線斷，對異性沒有交往的興趣。

流年合入配偶宮，多有同居之事。若暗合入配偶宮，主曖昧偷偷摸摸，應有同居或開房之事。

女命寅申巳亥齊沖，夫妻感情容易出問題，擇夫應配年長或遠嫁或做偏房。

男命陽日干透出正財相合，女命陰日干透出正官相合，特別容易離婚，大運干透比劫，運支與日支刑沖，便會莫名其妙離了婚。

日支伏吟謂配偶宮重現，如遇反吟伏吟，則生離死別後再娶的機率相當高，如逢爭合，則也有二度婚姻之可能，或有情人。

男命八字羊刃帶桃花，稱為桃花劫，若逢財來化劫或逢財來刑沖，一生將發生一次因色大破財之事。

女命四柱七殺帶桃花，稱為桃花煞，遇刑沖破害，一生必將發生一次色難，或發生桃色官司。帶有桃花胎印，稱為桃花極煞，將為情人惹上人命糾葛。

女命七殺在前，正官在後（干支都算），婚前、定失貞，是先上車後補票。

夫妻宮臨驛馬逢沖，或夫妻星逢沖，是在動態中（外面活動時）認識配偶。

八字無夫妻星（普通命局）其姻緣都是在很意外或較突然的預兆下結婚。一生與異性緣分薄，和配偶緣分薄。一般來說婚姻不順，很難找到對象。婚後夫妻一般不常居住在一起，容易兩地分居生活。如果夫妻兩個經常在一起，就會感情很淡漠。

男命凡財能生官而官能剋日主，或財旺日主衰，或財弱但能生官，或日支恰在歲前，都主怕妻。

看配偶相貌：看配偶長相主要看日支與夫妻星臨何五行，再臨桃花和用神都漂亮。如日支月支同，不論日支為何五行都主配偶漂亮或能幹。

日支為子午卯酉主配偶漂亮端莊或有能力。

日支為寅申巳亥主配偶相貌一般，精明能幹，人好說，熱情聰明。

日支為辰戌丑未主配偶樸素敦厚、相貌較醜。

除了看日支外還應結合夫妻星是何五行來綜合參斷，夫妻星為火，主亮麗面紅潤；夫妻星為木，主人長得高，清秀、端莊；夫妻星為水，主人微胖，圓活面黑，人機伶，相貌一般；夫妻星為土，主人長得敦厚，結實個矮較醜；夫妻星為金，主人長得白皙端莊。

與配偶年齡差距：官、印年齡比自己大；食傷和財比自己年齡小。結合大運，看四柱中傾向於官生印還是食傷生財。若官生印，則主配偶比自己年齡大，若食傷生財，則主配偶比自己年齡小，傾向力越大年齡差距就越大，若二者傾向力不太大，配偶年齡與自己相仿。

配偶距離遠近：判斷配偶距離遠近，分兩種距離，一種是工作生活距離，一種是出生地即祖籍距離。由於天干主動，它標示着配偶工作生活距離，地支主靜，標示着祖籍距離，日支即代表祖籍也代表工作生活距離。

1. 如果夫妻星在日支離日主最近，配偶為同事、同鄉、同學等。

2. 如夫妻星在月、時柱，為同鎮、同區域之內。

3. 如夫妻星在年柱為遠方，外鎮、外縣、外市等。若干透，夫妻星日主近，而支藏夫妻星離日主遠，說明夫妻工作生活距離近，但祖籍相距遠等等，其中之理讀者自己便可推演，很簡單。夫妻星有時因為合沖的關係，可能因合由遠而拉近，也可能因沖由近而沖遠，判斷時要注意靈活運用。

千里姻緣：1、日坐傷官；2、配偶宮或星臨驛馬；3、傷官旺而配偶星暗；4、配偶星在年或在時。

夫妻感情及配偶家庭情況：主要從四個方面着手：1、看夫妻星的喜忌，是喜關係好，忌關係不好；2、看日支與日干的關係及喜忌；3、看夫妻星離日主的遠近；4、看日支與其他支的關係。

推論男人的妻子好壞：「第一、看八字命局喜用神得力與否，配合歲運推論。若喜用得地，必主得妻得子。我們以年柱推算1～18歲，月柱推算19～36歲，日柱推算37～48歲，時柱推算49～64歲，若財、官在年柱則可能有早婚而娶他鄉之妻或姻緣由長輩契合，位於月柱，早婚而娶鄰近之妻或姻緣由父母叔伯契合，位於日支，多娶同鄉或同事者為妻或姻緣自定，位於時柱，則多為晚婚，且娶遠方之妻或姻緣乃因戀愛先有結晶而後結婚。古人有云：「時上偏財（偏財為妾），臨老入花叢。」就是這個道理。

第二、凡喜用之神入妻宮，能匡助格式之成功者，均主妻得力，如忌神入妻宮，能破壞格式者，均主妻不得力，不一定日支非坐財者才得力。

夫妻宮為論婚姻的關鍵，只要五行得用，不一定非要財星才斷定佳美，至於常用的比劫、食傷、印綬等，不過是用來分辨日主與之關係的字眼而已，與為忌為金，根本無關。

近賢金子樵說：「財為妻妾，參看日支。凡身強財旺者，大抵富而多妻妾，日坐財宮而得用者，必可因妻而致富貴。其財星不在日支，而以財為喜用，傷食助之（食傷生財），則妻美而賢淑；日坐喜神，財不相礙，妻必內助；如以財為閒神，妻則平常，若以財為忌神，或沖破或合去日支喜神者，妻必醜惡或被刑剋。」

以印為用（財壞印），被財破壞而無官殺或其他解救者，必因妻致禍。劫重財輕，無解救者，必剋妻，財重身弱，無比劫者（身弱比劫幫身），也剋妻。劫刃重財星輕，有傷食，逢梟神者（梟印奪食），妻遭兇死；財星衰，官殺旺（財升官），無食傷（食傷可以生財），有印綬者，妻弱多病。

財為喜用，生化有情者，妻必賢而得力；財為忌神，沖合爭妒妻必逆而不和。假如八字原局喜用相互維護有力，且遇喜用入妻了之宮，不遭沖剋，或化為忌神，中年後行運又不礙喜用，則不但妻賢，而且可得其助力。

古人結婚總是會把男女雙方的命盤請算命師合一合，看婚姻適不適合或者是否刑剋公婆？那到底是怎麼看呢？其實就是把男女雙方的八字來比對天干對天干（天干看天干五合）、地支對地支，是否有之前的刑、沖、會、合、害的關係？如下圖：

合婚判斷

【年柱】：

※合：（三合或六合）表雙方家長會互相走動，往來。

※沖：表雙方家庭背景不同。

※害：表雙方家長互不往來。

※同：（同氣）表家庭背景一致。

※無：表雙方家長互不往來。

【月柱】：

※合：男女雙方心心相印，好溝通，能達到共識。

四柱／地支	年柱	月柱	日主	時柱
男命地支				
女命地支				

合婚判斷法

※沖：男女雙方互動多且刺激，但容易爭吵，意見多。

※害：男女雙方相敬如賓，也容易相敬如冰。彼此會藏祕密。

※同：雙方處世態度一致，能協調。但剛認識覺得彼此超瞭解，熟了卻沒刺激感了。

※無：沒有好壞之分。

【日主】：

※合：情被合住，性生活協調、圓滿。

※沖：性生活刺激，但也容易會要求對方。

※害：睡覺時間不同，同床機會不多，性生活不美滿，除非小別勝新婚。

※同：性生活協調、美滿。

【時柱】：

※合：夫妻彼此對孩子的管教、觀念一致。

※沖：夫妻彼此對孩子的教養觀念不同，會有意見。

時柱	日主	月柱	年柱	柱四 支地
				支地命男
				支地命女

合婚判斷法

※害：夫妻彼此對孩子的教養觀念意見不一，甚至各用各的方法。

【男女互動】

※男合女：男的比較會為女的著想，會尊重，會禮讓。

※男沖女：男對女，會越看越討厭，而且意見很多，不相讓。

※男害女：男對女，會越來越不溝通，無言相對。

※女合男：女的比較會為男的著想，會尊重，會禮讓。

※女沖男：女對男，會越看越討厭，而且意見很多，不相讓。

※女害男：女對男，會越來越不溝通，無言相對。

八字桃花專論

口訣

申子辰雞（酉）叫亂人倫，由此可以看出是辰酉合

寅午戌兔（卯）從東方出，由此可以看出是卯戌合

亥卯未鼠（子）子當頭倚，由此可以看出是子未害

巳酉丑躍馬（午）南方走，由此可以看出是丑午害

舉例：只要是有申、子、辰的年、月、日碰到酉就有桃花，以下類推。

子、午、卯、酉遍野桃花。四個都有桃花煞。

年支與月支是屬於牆內桃花（自己與長上乃親情之愛，不會有事）。

日支與時支是屬於牆外桃花（配偶與子息乃肌膚之愛，閨房之事）。

寅酉元辰，非貧則夭，要點燈（一燈破千年暗），在自己的吉方點薰香燈或是精油燈均可。

殘花煞

日支	月支	時支
申子辰	巳午未	巳
寅午戌	亥子丑	亥
巳酉丑	亥卯未	寅
亥卯未	申酉戌	申

男命犯此盜賊之命
女命犯此少入娼門
年老貧困無依

咸池煞

寅午戌生人見卯
申子辰生人見酉
巳酉丑生人見午
亥卯未生人見子

男命逢之慷慨風流
女命逢之酒色猖狂

倒插桃花、慷慨風流

裸體桃花：女命為主

日主為：甲子、庚午、丁卯、癸酉（干與支相沖剋）

日時為緊

年支	月支	日支	時支
子	亥	卯	未
午	巳	酉	丑
卯	寅	子	戌
酉	申	午	亥

八專：甲寅、丁未、戊戌、己未、庚申、辛酉、癸丑、乙卯

八專號稱淫慾之刃煞，

日柱見之有不正之配偶。

時柱見之有不正之子息。

多主風流好色，以日柱為主。

九丑：乙卯、乙酉、戊午、己卯、己酉、辛卯、辛酉、壬子、壬午（走極端）。

九丑為妨害之辰，易用感情是非對簿公堂，身敗名裂，多主風流好色，以日柱為主。

男打財（奇遁）、女打官（奇遁），才會有異性緣。

舉例：男日主辛金，甲木為辛金的正財，所以打一個甲字。

女日主辛金，丙火為辛金的正官，所以打一個丙字。

八字子息（子女）專論

看子女看時柱（子女柱）

子息專論重點提示

1. 時柱上見食、煞，而月柱見財星，日主強子女必孝順。
2. 女命印P太旺晚年恐無子嗣，若有正財可解。
3. 身弱食傷旺，得印星為用，卻被財星剋破者，子女雖有若無。
4. 傷官逢財有子（女命），七殺有制多兒（男命）。
5. 時柱坐財星為喜，子女成家而富。
6. 時柱桃花，子女貌美，聰明而風流。
7. 傷官見官子息凶頑。
8. 命局財官星太旺無子，火炎土燥無子．水泛木浮無子．金寒冰冷無子。
9. 日主弱，滿局食傷無子。
10. 日主弱，無比劫，食傷多，無印星，無財星必無子。

11. 日主弱，無比劫，食傷輕，印星重必無子。

12. 日主弱，無比劫，食傷輕，財星重必無子。

13. 日主弱，無比劫，食傷輕，官煞重必無子。

14. 日主弱，天干有一兩比劫星，無食傷。子息艱難·因日主弱，無食傷，則官、印、財均為子星之抑制者·故子息艱難。

15. 日干旺，印重，無食傷又無財必無子。

16. 食神、偏印兩見，偏印旺，食神只有一粒，輕者剋子，重者絕嗣。

17. 日、月柱申亥害·寅巳害無子或早夭。

18. 甲子日或甲子時，易胎死腹中。

19. 時柱逢孤辰寡宿，子息易不肖。

20. 時柱上有天月德貴人，子女孝順。

21. 夫妻要同命，子息要同步。

22. 夫妻絕命配，不用避孕（不會懷孕），但住生氣方可破。

23. 日支巳碰到午，貪淫好色。

24. 丑午害死於心臟病，子未害死於腸胃。

25. 七運（金水多情），妓女多。

26. 壬午在時柱（子女柱），小孩有問題。

27. 六煞，凶敗小房。

28. 流霞：流霞逢沖，易犯血光。流霞逢沖，男命：酒色、客死他鄉。女命流霞犯命：容易有產厄、血崩之災，生產必須注意大量流血的事情發生。

29. 四柱八字流霞查詢表：

月干	甲	乙	丙	丁	戊	己	庚	辛	壬	癸
流霞	酉	戌	未	申	巳	午	辰	卯	亥	寅

P：走運是貴人、不走運是小人。

天德（印）、月德（P）貴人＋P：才有用。

天德＋月德貴人：福壽雙全。

空亡就是沒有，若八字遇到天乙貴人就等於沒有。

天乙貴人不可被害到。十二長生不可以有死、絕，有死、絕的人沒有生氣。

印多的人：清高。要打財、官（財生官、官生印）。

九宮五入中宮的人都是大官。（五黃男坤、女艮）。

文昌：有智慧、愛讀書。文昌座下食傷，很有才華，長相俊秀。

女命：華蓋座下有印適合當歌星。

將星：日支或年支

八字有劫財或年、月遇劫財就要打一個官（官剋劫財）。

申子辰日支或年支見子
寅午戌日支或年支見午
巳酉丑日支或年支見酉
亥卯未日支或年支見卯

劫煞：凡是

申子辰年見巳（巳申合）
寅午戌年見亥（寅亥合）
巳酉丑年見寅（寅巳害）
亥卯未年見申（申亥害）

那一年會破財

八字遷移、意外、災害論斷

沖合

年：田宅。
月：遷動、環境。
日：疾病、災厄、感情。
時：職業、學業、子女。

歲傷日主禍輕、月沖太歲禍重。

流年與日主：

1. 天比（比肩）地沖：事業不順。
2. 天比（比肩）地刑：男剋妻、女剋夫。
3. 羊刃：斷指、傷殘體不完。
4. 月令提綱（寅申巳亥）：較有車關、遠行。

5. 月令提綱（子午卯酉）：情緒、刀傷。
6. 月令提綱（辰戌丑未）：疾病。
7. 喜用神逢沖：輕者損財、傷殘，重者身亡。

反吟、伏吟：痛苦、破財、憂慮。平時多修行、做善事可化解。
災禍、意外：梟印奪食、傷官見官、七殺重逢。
驛馬：逢沖主遷動。

上有官：因公務而遷動。
上有財：因錢財而遷動。
上有印：因求學而遷動。

時上正財馱寶馬。
男怕劫（正財）女怕傷（正官）。
八字屬水遇傷，才會常常出國。
年柱地支有食傷比較難帶。

三刑到位：操勞、薄情、冷酷、叛逆。

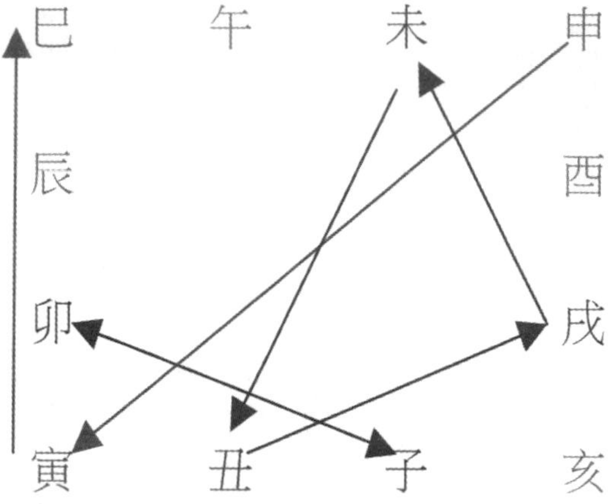

無恩之刑 寅刑巳 巳刑申 申刑寅

無禮之刑 子刑卯 卯刑子

恃勢之刑 丑刑戌 戌刑未 未刑丑

自刑 辰刑辰、午刑午、酉刑酉、亥刑亥

無恩之刑 寅刑巳 巳刑申 申刑寅→操勞、薄情、冷酷、叛逆。

寅申沖→開快車，常收到罰單。

巳亥沖→蛇行、鑽巷弄。

寅巳害→冷酷無情、置身事外、好辯爭論。

申亥害→口舌是非、自虐。

刑、沖→破壞。

會、合→團聚、轉換。

流年沖花（子午卯酉）→生活變動、職務不變。

流年沖庫（辰戌丑未）→職務變動、生活不變。

流年沖馬（寅申巳亥）→生活變動職務也變動。

流年沖合年支、雙沖、雙合、三合、三會：有遷動之象。

驛馬逢三合、六合時不會動。俗稱：馬駐足、羈足馬。

年支、時支：二合或六合，有出國發展的機會。

年柱、月柱：反吟、伏吟→少小出外。

天干一字連，孤破禍綿綿，地支連一字，兩度成婚事。

P殺相生顯功名。

偏印、偏才年買的房子都很好。

開運原理（八字缺什麼就補什麼，運就開了）

一命、二運、三風水、四積陰德、五讀書

其中命佔32%、運佔23%、風水佔22%(陽宅12%陰宅10%)、積陰德佔15%、讀書佔8%

運是懂得運用空間換取時間這就是宇宙自然法則

天時是先天的命運天賜的（日主當家）

地利是地理風水，環境的輔助，時間一到，情勢就轉換

人和是人為的因素、後天的努力、人際的圓滿，有運有沖則發

宇宙是接收器、八字是發射器

內在五行開運：以繁化簡，以簡制繁

八字與流年的關係

男人要在正財年結婚，但是現在男人在劫財年結婚
女人要在正官年結婚，但是現在女人在傷官年結婚

有傷官、劫財的人不怕生，因為傷等於商
有印、官的人怕生，因為面子拉不下來

看命理時，若八字上都是殺很有可能表示此人已經不在了
有殺、劫會死人，有殺、傷會傷人

梟印奪食↓賺不到錢，而且會有生命危機（會劫時間、健康或錢財）
走運時自己要拚，不走運時靠夥伴

漫談日主庫馬花運用

四馬：申、寅、巳、亥為動力、生產。
四花：子、午、酉、卯為人緣、人脈、行銷。
四庫：辰、戌、丑、未為財庫、保守。

天干十神：事情的象徵（外面的表象）。
地支十神：時間點動，刑、衝、會、合、害。

正財入庫不要沖，一沖庫就沒有了。
偏財入庫要沖：不衝不發。偏財入庫吝嗇，所以要沖出來。
財入驛馬的人要去他鄉賺錢。
正財入庫的人在忌神年逢沖，散財或者是妻離（妻為正財）。
三刑逢沖必有事：本身有無恩、無禮、恃勢之刑（或缺一、二），遇上流年、流月刑者，必有大事發生，千萬要記住。

看命時一定要看十年大運所帶來的關係，再來與流年來相比對。

劫煞逢沖：

手術、刀光。必有大事發生。

日主地支	劫煞	逢沖
寅午戌	亥	巳
巳酉丑	寅	申
申子辰	巳	亥
亥卯未	申	寅

天干透出正財又逢劫財無官煞制化，一生破敗祖業（先破後有）。

例：日主（壬）丁（正財）癸（劫財）。

天干透出偏財又逢劫財無官煞制化，一生需經商倒閉一次、涉難，才會平順。

金水多的人慾念多，八字有P、庫，人緣差。

八字觀人術

員工帶劫財，老闆不會要（會花錢）。

帶劫財很有人緣，不難看。

傷官眼睛好看，喜歡表演，節儉、精於計算。

（丙）傷：（乙木）生（通根）美若天仙。

自刑：追根究底，亥、辰、酉、午。

財解百毒。

八字有殺不笑，一笑特別好看。

傷官傷盡財富來。

耳朵外翻（帶Ｐ）不好溝通，Ｐ反應好（新聞主播、主持人）。

用偏財破偏印（Ｐ）。

年柱：額頭

月柱：眼睛

日柱：鼻子、鼻樑

時柱：下巴

官殺年會開公司

八字有官、國字臉，當老闆，但從後面看不能看到腮。

殺（甲木）頭部有疤。

屬火：熱情，天生帶財。

屬木：劫財，講話直接。

屬水：智慧，有財。

屬金：內斂、穩重、皮膚白。

屬土：胖、消化系統。

眉毛：開眼（中間距離一指半為原則），年輕時有貴人看眉毛。

印多長壽：看得開、胖、食神年會胖。

食神：秀氣、溫柔。

殺：血光。傷：無妄之災。

傷：技術、生財器具。

田宅宮：眉毛與眼睛中間。房子殺氣重，田宅宮有青筋。

身強衝鋒陷陣，身弱守成

財運不佳要找財運好的人，以氣引氣。

八字有殺：斜眼看人　八字有木：慈悲。

財旺的人會去夜店。

劫財：瞎忙。

官殺日：去完成未完之事。不要P日去（會被插隊）。

官月：考執照。

食傷月：美食、輕鬆（血拼）、看書。

食神代表偏財。

寅多：勞碌、房產多。

傷月：感冒。

P月：拉肚子。

比劫月：好好的花錢。

劫財多：花得凶，常被騙。量力而為，好好運用貴人（人脈＝錢脈）。

正印年（像菩薩）：論功行賞。

工作能力強：八字帶時傷，不會累。

水（身強）適應力強（聰明）缺點：事情重複做。

走路：拖地板（做事拖拖拉拉），墊腳尖：心機重。不要有聲音，要快（異鄉發跡）

頭低低（晚景淒涼）。

蹺腳：脊椎容易出問題，不要抖。

未語先嘆：謀略強、心機重。

嘆氣：心臟不好。

吃東西掉滿地：敗家。

八運：腸胃、癌症。

腸胃不好：沒有錢。消化系統好：有錢。

梟印奪食：洗腎、糖尿病。

出去玩就有食慾：食神破偏財。

嘴巴開開：守不住祕密。

男：顴骨。
女：鼻頭有肉、亮。｝有現金

黑眼圈：子女不孝。

鼻子不通：感情不好。

房子有突出物：出不孝子。

車庫在樓下：不賺錢（房子下面是車道、底下無靠）。

八字帶劫財：感情不好。

姓名學「人格」是12、10、21奴欺主。

姓名學「外格」是10上報紙。

食神：謙虛（食神制殺）。

帶殺：抗壓性好。

十神的病因

比肩：心、肝。

劫財：憂鬱、慢性病。

食神：腸胃、糖尿病。

傷官：躁鬱、血光、五官、肺。

正財：腦、泌尿。

偏財：肝、腎（乙癸同源）。

正官：憂鬱、自閉、自殺。

七殺：血光、心、腫瘤、疤。

正印：憂鬱、老人癡呆、便祕。

偏印：脊椎、腳、腸胃、食道。

八卦病因

1坎：泌尿、耳朵。女（婦科）。

2坤：腹脹。危機處理好。

3震：手足、肝膽。雷聲大雨點小。

4巽：風、頭痛、濕（皮膚過敏），聰明。

5乾：掌控力強、義氣。肺。

6兌：作夢、傷人。呼吸。

7艮：脊椎、保守。

8離：眼睛、心血管。

八字批論程序

一、五行特性

（日主五行所屬特性說明）

陰陽	陽性（甲丙戊庚壬）：特性明亮	陰性（乙丁己辛癸）：特性隱露
五行	特性	病因
木	仁慈	肝、膽、胃
火	熱情、有禮貌	心、血管與小腸
土	講信用、固執	胃脾及肚臍以下腹部器官
金	講義氣	呼吸道、大腸、筋骨
水	聰明	腎及膀胱

二、月令特性及身強身弱

三、天干十神特性與地支刑、沖、合、害

1. 天干十神特性與五行剋、洩、殺、印、比說明。

2. 地支刑、沖、害、合變化說明。

寅月：好動，閒不住	申月：好動有衝勁，閒不住
卯月：有衝勁	酉月：有衝勁，雞婆性重
辰月：當老大，思想不易掌握	戌月：愛當老大，不信算命，若信則堅信不移
巳月：喜愛聊天，好辯	亥月：明理
午月：好勝心強，禁不起刺激	子月：善於保護自己
未月：打破沙鍋問到底	丑月：打破沙鍋問到底
身強得以任財官，身弱不得任財官	有運發則發，無運沖則衰
身弱逢財必破財，身弱逢煞（洩）必遭殃	庫沖庫開鎖大，男看財女看官（婚姻）

四、流年運勢

1. 流年運勢（剋、洩、殺、印、比、刑、沖、害、合）。
2. 何時走運。

五、來人所問（求）何事

六、改運方式：改運是在改變人的氣（磁場）

1. 飲食、陽宅／開運飾品／幸運色幸運服飾。
2. 身強：剋（財），洩（食傷），殺（官殺）。
3. 身弱：印（貴人），比（朋友）。

八字格局解說

係以日主為中心，再配合其餘三干之強弱而觀看格局的表現：

一、官煞格：官煞格服從盡忠。

正官格催人端正，能掌握重點正道而行，重實施，有板有眼，講信用，守規範。

七煞（七殺）格性急好鬥，略帶野性，好者能扶弱欺強，壞者喜強迫他人就範，喜用權術。

二、印格：印綬格主人心慈善。

正印主人方正親切，智慧高，有慈心，又主學問與名譽，官印配合得宜，易得名聲。

偏印主人喜使心機，若偏印過多，則主其人始勤終惰，聰明反被聰明誤之相。

三、食傷格：食傷皆主性情聰穎，好歌詠聲色。

傷官性格不喜拘束，能積極表現才華，惟略嫌偏激，欠圓滑，自負不凡，易遭嫉妒且易失言傷人。

食神格人亦聰明靈巧，性情和緩，才華內斂，追求快樂及精神內涵，平生多口福，但宜注意不可過於貪樂而影響事業。

四、財格：財格之人多勤儉厚重。

正財格重信守諾，厚重踏實而簡約。

偏財格重義輕財，易有勞少獲多之幸運，慷慨多情配置不宜，反主多好酒色。

命局中正偏財並見，易有拈花惹草之癖。

五、比劫格：比劫皆主個性剛強。

比肩格喜交友，若日主旺（日令建祿）則獨立不群，過旺不從則個性激烈、孤僻，若日主弱則易得朋友、兄弟姊妹之助。

劫財格尤為頑強，月令羊刃之人尤為頑強，劫財多．則大方不聚財，自我本位，劫過重而不從主人性投機，好賭。

此外若日主過旺或過衰，而必須從化者，以所化之五行論斷，以從旺格而論：

從木（曲直）格：重外表，好面子，注重生活享受，好排場。

從火（炎上）格：性急表現力強，豪爽。

從土格一心地善良，忠信，固執。

從金（稼嗇）格—個性剛強，有板有眼。

從水格（潤下格）—常遷移好環遊世界，運不好則漂流遠方，主智慧。

我們可以把它做成心智圖，這樣就比較好記憶。

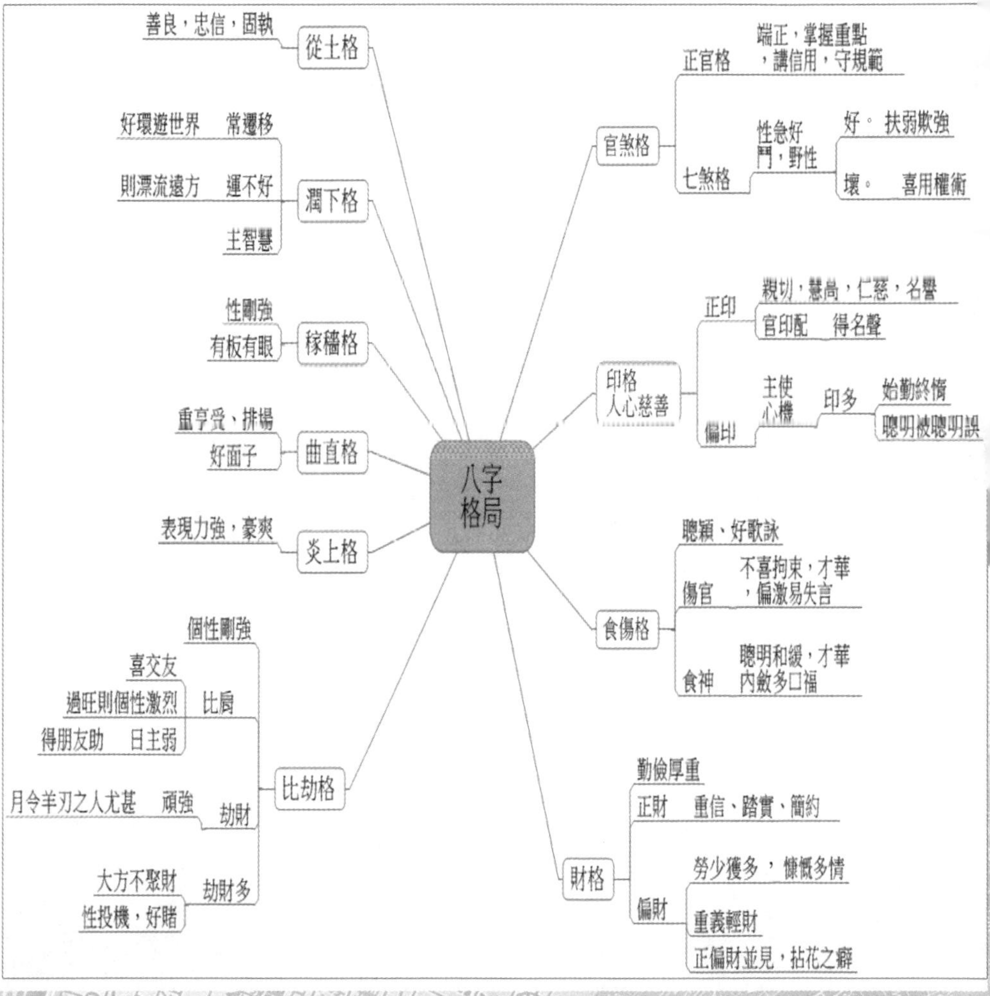

特殊八字之推論

八字命理一般簡單的看法，天干是先天註定而地支是後天的變化。

例如：

天干有財較有人緣。

有官殺者面容較嚴肅。

女子有官殺，較有男人緣。

男子有財，較有女人緣。

有食神者較豁達，有藝術天分。

官者較鬱卒，完美主義有才華。

無財者賺錢較辛苦。

但有些特殊的八字卻有不同之論法：

例如：

天干三個甲者守空屋　四個甲者沒妻子。
天干三個乙者主難當　四個乙者命早亡。
天干三個丙者人孤老　四個丙者子息空。
天干三個丁者生女子　四個丁者壽命長。
天干三個戊者死他鄉　四個戊者人孤老。
天干三個己者多財莊　四個己者人忠良。
天干三個庚者多財祿　四個庚者走他鄉。
天干三個辛者沒榮昌　四個辛者人長壽。
天干三個壬者事業旺　四個壬者人富貴。
天干三個癸者走他鄉　四個癸者人亡之。

三甲守空四沒妻。
三乙主難四早亡。
三丙孤老四子空。
三丁生女四壽長。
三戊死鄉四孤老。
三己多財四忠良。
三庚多財四走鄉。
三辛沒榮四長壽。
三壬業旺四富貴。
三癸走鄉四人亡。

我們可以把它做成心智圖，這樣就比較好記憶。

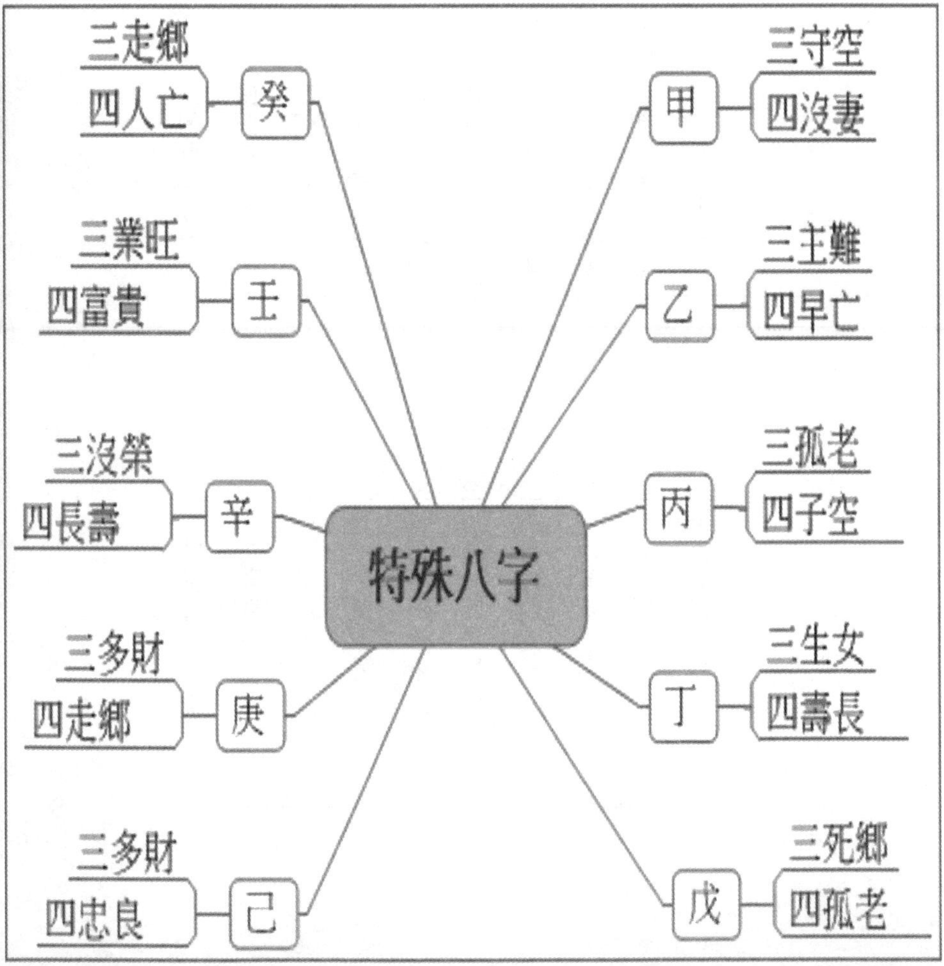

論命要訣

1. 透視命盤看身強身弱（五行氣弦弱）。
2. 以日主看個性（外在）↓以相對論之。
3. 以月令看內在心性↓以相對論之次看年，日，時。
4. 以來人之心態告知，知機在先，制機在後。
5. 以流年對上命盤告知（含流月，流日等……）。
6. 結論以刑沖會剋洩殺論之（批示以十神論之），歌訣：不刑不剋不害不發。
7. 身強以剋殺論之，身弱以印比論之（有運時用）。
8. 所有事應在天干，地支是時間到（眾生論之，包括藏干）。
9. 比劫以感情含有情動物……等相對論。
10. 印，P多，固執才華（悲觀）。
11. 財多身弱（有時會出事）。
12. 食傷身弱↓才華不穩定。
13. 官殺通常以自尊、感情論之，尤其是夫妻。
14. 寅申巳亥↓多藝高膽大，多以事業為主。

15. 三元（天干，地支，地支藏干）運用自如。

16. 多運用刑的解釋（察言觀色）。

17. 多運用害的解釋（察言觀色）。

18. 多運用十神的解釋（察言觀色）。

19. 多運用天運帶人命盤。

20. 加強十神生剋的關係。

21. 一命二運三風水四積陰德五讀書。

22. 此人的命盤套入周遭的人事物。

23. 大原則其人運不好，周遭的人大部分都不好。

24. 以時間換取空間，當日命盤要瞭解才能運用自如。

25. 以事業導向，不以算命為導向（不能爭辯）。

26. 天干明，地支暗的。

27. 流年：比劫來要注意感情，印P一到，就沒鬥志，財（正財）才（偏財）來樂極生悲（身弱），官殺到要注意災難，食傷來思想大變化。

我們把它做成心智圖做重點整理：

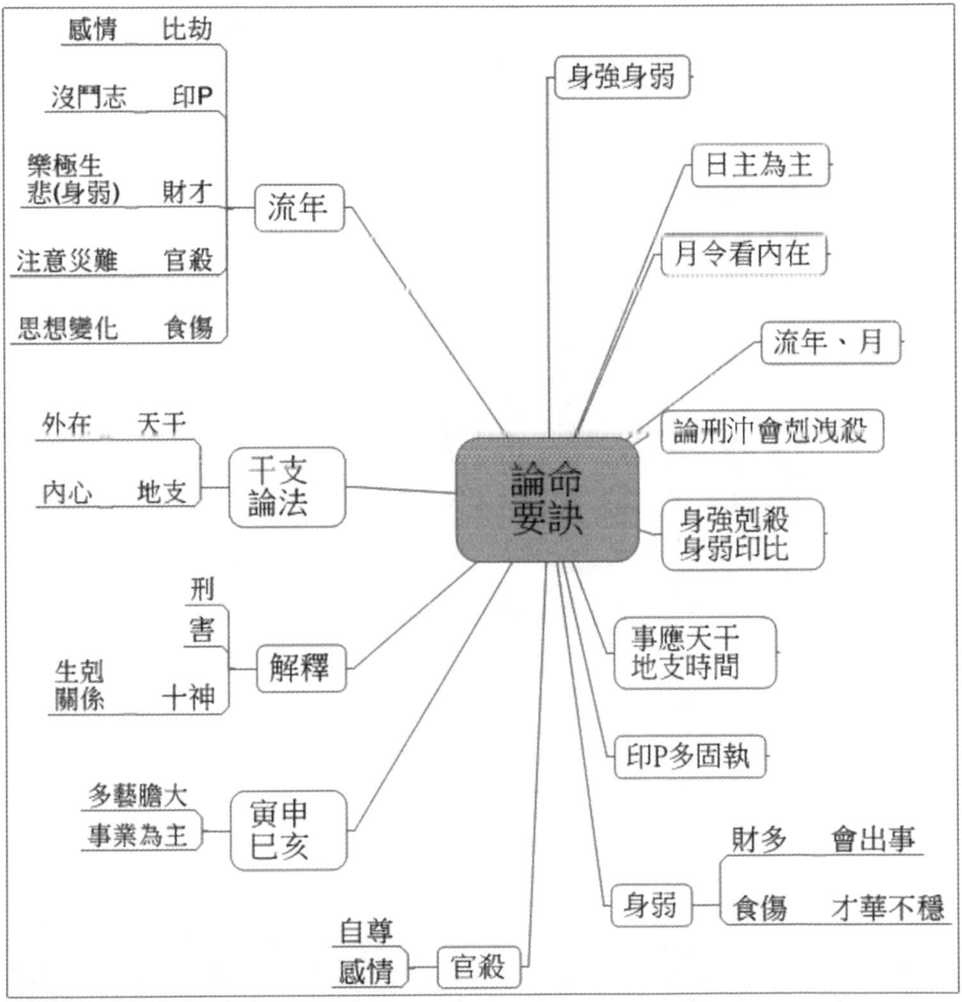

論命心法

1. 食神制煞逢梟，不貪則失。

2. 男人梟食重見，身弱多應癆病隨；女人梟食非為吉，產難驚人病亦危。

3. 七煞佩印，煞不離印，印不離煞；煞印相生，功名顯煞為武藝，印為才華，有煞無印欠文彩，有印無煞欠威風。

4. 絕妙煞印相生，宜文武二備。

註：七煞如逢財助，其煞愈凶，身弱刃為兵器，無煞難存，煞為軍令；無刃不尊，刃煞二顯，威鎮乾坤，當權者用煞不用印；印綬主多智慧，豐身自在心慈。

5. 日元坐煞，如甲申等日（坐下藏鬼），宜注意看（出頭被砍頭）。

6. 年上七煞，七煞乃小人之象；即居祖宗之位，如朝廷老臣，祖父老僕，日主健旺，老僕則盡力以事幼主，日主衰弱，不能與小人為主，何肯盡力事之，反成客己之物．年干七煞莫言凶，制合為權最有功，若得身強無忌破，此身多入上流。

7. 財宜藏則豐厚，露則浮蕩；身弱逢財，不宜見煞，旺則不忌。

8. 男逢財多身弱，妻話偏聽；財星得位，因妻致富成家。

9. 日元自弱，財多生煞趕身衰，財多身弱行財運，此人方知下九台。

10. 財多如何不發財，因身弱少培栽；運到比肩身旺地，富貴榮華次第來。

坐實不如拱富，明合不如暗會是也。

11. 日主無根財帛犯重，全憑時印比助身宮，逢此生必有興家福。

破比印紛紛總是空，官印刑沖意亂心忙，四柱傷官鄉必破。

12. 印綬太多身更旺，為人刑剋主貪孤；若得官煞財相會，亦為超邁貴人扶。

13. 提綱刑沖剋父母，日時對沖妻子屯，比劫傷官若再旺，不但傷妻更損兒。

14. 逢印看官而遇官，十有七貴；財印混雜，終為守困。

15. 四柱殺旺運純，定居一品之尊，略見一為正官，官殺混雜反賤。

16. 無殺女人之命，一貴可做良人，貴眾合多，定是師娼僕。

17. 人之年時上下如天地覆載，運明於太虛之中，此虛中稍實之格最奇妙；雖善惡相雜喜憎相半，無不併包兼寫之，直大器遠榮之命。

18. 財官旺：（1）日主旺紫袍金帶（2）日主弱運行身旺最為奇。

19. 日主旺而財官弱，運入財官利名馳；日主坐下有財官，月令相逢貴不難。

我們把它做成心智圖做重點整理：

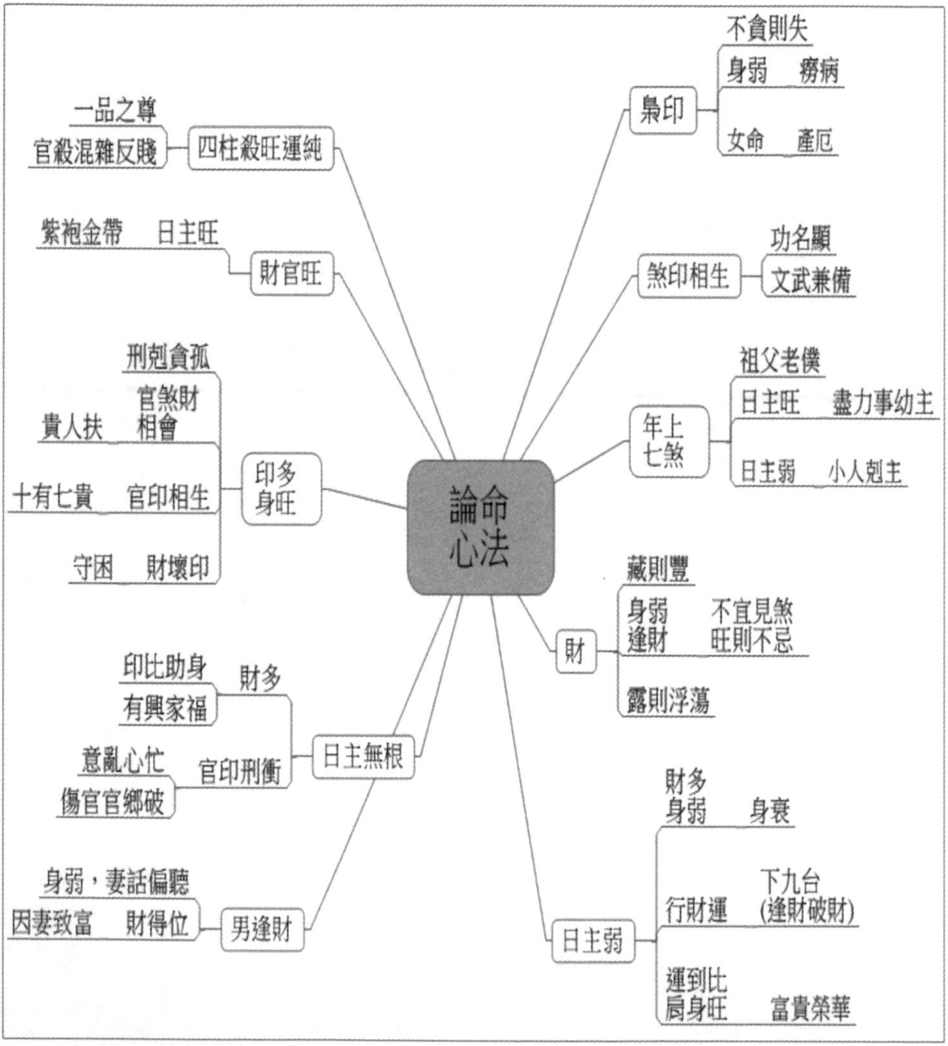
論命心法
梟印
不貪則失
身弱 癆病
女命 產厄
煞印相生
功名顯
文武兼備
年上七煞
祖父老僕
日主旺 盡力事幼主
日主弱 小人剋主
財
藏則豐
身弱逢財 不宜見煞旺則不忌
露則浮蕩
日主弱
財多身弱 身衰
行財運 下九台(逢財破財)
運到比肩身旺 富貴榮華
四柱殺旺運純
一品之尊
官殺混雜反賤
財官旺
紫袍金帶 日主旺
印多身旺
刑剋貪孤
貴人扶 官煞財相會
十有七貴 官印相生
守困 財壞印
日主無根
財多
印比助身
有興家福
官印刑衝
意亂心忙
傷官官鄉破
男逢財
身弱，妻話偏聽
因妻致富 財得位

論命要則

1. 五行鬼煞看輸贏　鬥戰伏降分重輕　他弱我強方得福　鬼強我弱便為凶
2. 無鬼不能成造化　無煞安能自有權　只怕鬼多兼煞重　凶多吉少便為愆
3. 鬼強不可例言凶　鬼伏我家受制功　七殺時遇制伏太過　乃是貪儒
4. 神煞主猛烈　命中無鬼不成造化　無煞不成權柄　但恐多則分秀氣不為吉
5. 他來剋我我居強　我占強又何妨　鬼敗本強身富貴　名高仍且壽延長
6. 辰為天罡　戌為天魁　最有權威力量　孤剋之氣太重　未免妨害六親
7. 傷官見官禍患百端　唯有財星可解傷之毒　勸官之怒　轉禍為祥
8. 食神遇梟無財則夭　身弱有財逢印亦凶　日逢官鬼見重刑　惡死甚堪驚
9. 生平少病日主剛強　財多身弱富至貧人　若是財星做驛馬　妻賢無處不悠悠
10. 子午並卯酉　定要隨人走　辰戌兼丑未　婦道必大忌　八字驛馬紛交馳　身榮勞苦東西忙　倘得身閒心不定　動則風流靜則愁
11. 滿盤卻是印　損子必須定　天干一字連　孤破禍綿綿

地支一字連　婚姻成二度　以上二條是婦命訣　有煞不怕合

無煞卻怕他

12. 正財逢生旺　而優遊享福遇　劫財則晦滯呻吟　官星若見

平生惹是非　七殺若逢處事少成多敗　比肩七殺兩俱旺　早歲即騰達

13. 財旺身衰　禍深福淺　財多身弱　要印扶身

身旺財衰　怕劫分奪　財食人庫者福厚　倒食求財者貧夭

財星人庫主聚財　謹守資財不做人

14. 正財喜旺食豐盈　日主剛強力可勝　若是財多身自弱　平生破敗事無成

15. 歲傷日干為禍必輕　日犯歲君災殃必重　五行有救其反凶為祥

批命淺談

一般我們論八字時，只要知道對方的年、月、日、時，就可以排出命盤，但是，對某些事件的發生那該如何論命呢？

其實，我們也可以把事件發生的時間(年、月、日、時)也放入命盤，一樣可以預測事件發生後的結果。

我們就舉最近發生的事件來做探討：

舉例一、2015年八仙樂園派對粉塵爆炸事故發生於2015年6月27日約20時32分台灣新北市八里區八仙樂園游泳池內。由「玩色創意國際有限公司」與「瑞博國際整合行銷有限公司」所舉辦的「Color Play Asia—彩色派對」活動中，疑似因以玉米澱粉及食用色素所製作之色粉發生引爆粉塵爆炸及迅速燃燒而導致火災事故。此次事故至2015年11月5日為止，共造成14死485傷，其中5人性命垂危，是繼1999年921大地震以來台灣受傷人數最多的意外。

八仙樂園因為此事故於6月28日起關園停業，同日行政院院長毛治國也宣布全面禁止舉辦所有與粉塵相關的休閒娛樂活動。

我們就用發生時間2015年6月27日約20時32分的八字來推算，得出四柱如下。

年柱	月柱	日柱	時柱
劫財	偏印	日主	比肩
乙未	壬午	甲戌	甲戌

我們來看，年支、及月支午未合火，月支、日支及時支午戌半合火局，午未又合火，所以地支一片火海，年干乙木，日及時干甲木，木又來生火，所以這場火燒得很旺，時柱比肩為朋友，這次都是呼朋引伴一起參加這場彩色派對，所幸月柱偏印為半貴人，馬偕、榮總、台

大、恩主公……醫院相繼伸出援手，醫護人員看見新聞自動歸隊搶救傷患，把傷患減至最低的影響，是所謂不幸中的大幸。

舉例二、蘇迪勒今晨2015年8月8日4點40分於花蓮秀林登陸後，持續朝西北西方向前進，受地形破壞，颱風強度稍微減弱。

氣象局預估蘇迪勒將在今天中午前後出海，北部、東北部在地形屏障下，風雨可望趨緩，但仍不可小覷；颱風影響將持續至下半天。中南部地區清晨起風雨轉強，台中雨勢已明顯加大，氣象局提醒，蘇迪勒正通過台灣陸地，中南部位在迎風面，須特別嚴加防範。蘇迪勒威力驚人，氣象局今晨5點50分觀測到蘇澳出現破表的18級強陣風；台北也有14級強風。

我們就用颱風登陸發生的時間2015年8月8日約4時40分的八字來推算，得出四柱如下。

年柱	劫財	乙未
月柱	偏印	甲申
日柱	日主	丙辰
時柱	比肩	庚寅

年干乙木及月干甲木為東方木，所以颱風是來自於東方，是由東向西前進，我們再來看八字裡甲、乙、寅屬木，均為東方木，八卦中震、巽屬木，震為雷、巽

為風，所以藉此推測，風速極強，地支中月支中與日支辰半合水局，所以雨水很多，而日支辰土被合住，土的地基已經不穩了，加以三個木來剋土，而且庚金與申金有來洩土之氣，所以導致土石流的發生，所以這次烏來的土石流非常嚴重，百年僅見。

舉例三、民國105年立春的時辰是105年2月4日酉時，立春是一年的開端，就跟我們生下來的時間一樣，所以我們以該時辰排八字算今年的運事。

立春命盤

年柱	月柱	日柱	時柱
比肩	偏財	日主	劫財
丙申	庚寅	丙辰	丁酉

申中藏庚壬戊，丙申卦象不好，丙申是上爻得位，它的格局叫做雷水解卦，解即是解除，解除你所有擔憂、所有不好的現象。

只有最上爻得位，其他卦爻並不得位，表示上面要推行很多的政策，以八字的天干來說。因為火(丙丁)來剋(庚)金，可是因為都不得位，上面要落實推展的政策沒辦法落實，所以表示金氣不好，因此今年不景氣。經濟要復甦要到明年底，因為它是上爻，一般有六爻，一直到第六爻才好，一直到明年底換節氣才會好。

比肩會奪偏財(年干比肩剋月干偏財)，所以表示今年很多大公司會倒閉，劫財(時干代表事業會劫正財(代表正常的收入，就是公司的營運)，表示很多公司的財務狀況會出問題，因為公司的內部、錢財都會出問題。年月寅申沖代表車關問題，子開天，丑闢地，寅生人，申會人滅，所以今年很多人會找不到路，車關會很多。

寅辰(月日柱)沒有交合，日月柱講的是門內，年時柱講的是門外，所以門內沒有溝通，表示家裡的人很難溝通。沒有邏輯不用講話，因為講話聽不懂就會越講越大聲，所以夫妻感情會出問題。辰酉合，自刑的合，所以很多人會得憂鬱症、躁鬱症，尤其是金的人，命盤中火剋金沒有水的人，會得躁鬱症，所以八字可以看見很多東西。

因此大環境很不好，不要投資，但要投資自己。

可不可以買房？可以。好好打拼，後年上半年就可以買房子，所以丙申年可以開始找房子。

丙申年九宮五黃落在東北方，東北方以整個格局來講哪裡不好？美國。所以美金下滑、金融風暴、通貨緊縮。

台灣的東北方宜蘭，因此宜蘭艮卦，動物就屬狗，所以宜蘭地區要注意狂犬病，去宜蘭玩注意不要被狗咬到。

丙申年什麼生肖犯五黃？丙申年艮卦，丑艮寅，艮卦的人要注意造運，丑屬牛的、寅屬虎的都要造運。所以這種人可以怎樣改變你的局勢？每天在自家東北方早晚插九炷香，出外不在家沒插沒關係，持續做可保平安，因為丙申年真的不是非常好的年。

今年丙辛合化水，所以要注意，腎臟、脾濕、糖尿病要做好保養。

以上三個例子只是簡單贅述某些事件發生時的推算，以後讀者們可以自行把偶發事件來做練習，推測看看，這樣可以增進自己的功力。

附註：

八字裡有一個重要的參考論述，就是天干五行四時喜忌如下所述，寫的都是文言文，文體流暢、也有押韻，但是相信很多人看不懂，所以就當詩詞欣賞跳過去了，其實這很重要，所以我把它放在最後解釋，就不會有遺珠之憾了。

十天干五行四時喜忌：

一、甲木參天，脫胎要火，春不容金，秋不容土，火熾乘龍，水蕩騎虎，地潤天和，植立千古。

二、乙木雖柔，刲羊解牛，懷丁抱丙，跨鳳乘猴，虛濕之地，騎馬亦憂，藤蘿繫甲，可春可秋。

三、丙火猛烈，欺霜侮雪，能鍛庚金，逢辛反怯，土眾生慈，水猖顯節，馬虎犬鄉，甲來成滅。

四、丁火柔中，內性昭融，抱乙而孝，合壬而中，旺而不烈，衰而不窮，如有嫡母，可秋可冬。

五、戊土固重，既中且正，靜翕動闢，萬物司令，水潤物生，火熾物病，若在艮坤，怕沖宜靜。

六、己土卑濕，中正蓄藏，不愁木盛，不畏水狂，火少火晦，金多金光，若要物旺，宜助宜幫。

七、庚金帶殺，剛健為最，得水而清，得火而銳，土潤而生，土乾則脆，能贏甲兄，輸於乙妹。

八、辛金軟弱，溫潤而清，畏土之疊，樂水之盈，能扶社稷，能救生靈，熱者喜母，寒者喜丁。

九、壬水通河，能洩金氣，剛中之德，周流不滯，通根透癸，沖天奔馳，化則有情，從則相濟。

十、癸水至弱，達於天津，得龍而運，功化斯神，不愁火土，不論庚辛，合戊見火，化眾斯真。

十天干五行四時喜忌解說：

1、甲木參天，脫胎要火，春不容金，秋不容土，火熾乘龍，水蕩騎虎，地潤天和，植立千古。

甲木參天，甲木要長成大樹，脫胎要火，就要有太陽（丙火）照耀才能長高，春不容金春天剛在萌芽，金會剋木，秋不容土，秋天落葉會覆蓋土，火熾乘龍，火熾就是丙火，丙火可以把甲木燒得旺（丙火為甲木的食傷洩秀，才能顯現才華），龍就是辰，辰為三月，甲木得時令，身強。水蕩騎虎，水就是壬水（大海水），水生木也是甲木的貴人，寅為正月，甲木得時令，有火洩秀，有水孳養，地潤天和，植立千古，這時生亦逢時，早為科甲，足可揚名立萬矣。

2、乙木雖柔，刲羊解牛，懷丁抱丙，跨鳳乘猴，虛濕之地，騎馬亦憂，籐蘿繫甲，可春可秋。

乙木雖柔，刲（音饋）羊解牛，羊就是未，牛就是丑，丑未屬土，是乙木的財，意即乙未、乙丑，乙丑為金神。懷丁抱丙，丙丁為乙木的食傷，跨鳳乘猴，鳳就是酉，酉宮獨辛金，辛為乙木的七殺，猴就是申，虛濕之地，騎馬亦憂，馬就是午，午跟酉在一起，俗稱江湖花酒，不好，乙木碰到午申酉都不好，籐蘿繫甲，可春可秋，籐蘿就是乙木，乙木要跟甲木相配合，春秋天都可以。乙要找甲木身強才有出頭天，最好是甲寅（長壽），乙丑最有錢，乙卯最強。

3、丙火猛烈，欺霜侮雪，能鍛庚金，逢辛反怯，土眾生慈，水猖顯節，馬虎犬鄉，甲來成滅。

丙火猛烈，欺霜侮雪，能鍛庚金，丙火不怕冬天，能提煉庚金，金為丙火之財，逢辛反怯，丙辛合水，反成大海水，不好，要打壬水，身弱調氣。土眾生慈，丙火生土為食傷，水猖顯節，水為火之官殺，馬虎犬鄉，馬為午、虎為寅、犬為戌，寅午戌合火局，甲來成滅，有甲才能讓火燒得更旺，甲為丙火的印，意即貴人。甲丙相邀入火鄉，更逢子穴更高強（坐北朝南）。

4、丁火柔中，內性昭融，抱乙而孝，合壬而中，旺而不烈，衰而不窮，如有嫡母，可秋可冬。

丁火柔中，內性昭融，丁火為陰火，較為陰柔。抱乙而孝，乙木生丁火，所以乙為丁之母，合壬而中，丁壬合木，丁被合住，火性就不烈了。旺而不烈，衰而不窮，如有嫡母，嫡母即為乙木，可秋可冬，秋屬金，金為丁之財，冬屬水，水生乙木、乙木生丁火。

5、戊土固重，既中且正，靜翕動闢，萬物司令，水潤物生，人燥物病，若在艮坤，怕沖宜靜。

戊土固重，既中且正，屬土春天容易受傷、木剋土。靜翕（合、聚）動闢（開拓），萬物司令，土遍布於四季，水潤物生，土有水滋潤，萬物才會生長。人熾物病，人若缺水就會生病。若在艮坤，艮在東北方、坤在西南方都屬土，怕沖宜靜，不利甲木來沖。

6、己土卑濕，中正蓄藏，不愁木盛，不畏水狂，火少火晦，金多金光，若要物旺，宜助宜幫。

己土卑濕，己土就是農田土。中正蓄藏，不愁木盛，不畏水狂，濕土不怕木來剋，遇水成沼澤。火少火晦，金多金光，若要物旺，宜助宜幫。要癸水、辛金幫扶。癸水為己土的偏財、辛金為己土的傷官。

7、庚金帶殺，剛健為最，得水而清，得火而銳，土潤而生，土乾則脆，能贏甲兄，輸於乙妹。

庚金帶殺，剛健為最，庚金為斧頭，帶義氣。得水而清，水就是壬水，得火而銳，火就是丙火，土潤而生，土乾則脆，能贏甲兄，庚金能剋甲木，輸於乙妹，乙庚合金，所乙庚金怕被乙木合住就沒有作用了。

8、辛金軟弱，溫潤而清，畏土之疊，樂水之盈，能扶社稷，能救生靈，熱者喜母，寒則喜丁。辛金軟弱，溫潤而清，畏土之疊，樂水之盈，能扶社稷，可當公司的總經理。能救生靈，熱者喜母，喜夏天生或丙火，寒則喜丁，遇丁則貴。

9、壬水通河，能洩金氣，剛中之德，同流不滯，通根透癸，沖天奔馳，化則有情，從則相濟。壬水通河，壬水需要癸水，海水需要淡水調劑，能洩金氣，剛中之德，同流不滯，通根透癸，沖天奔馳，化則有情，從則相濟。壬水需要丙火，丙壬相映合。

10、癸水至弱，達於天津，得龍而運，功化斯神，不愁火土，不論庚辛，合成見火，化眾斯真。癸水至弱，達於天津，壬水需要癸水，淡水匯入大海。得龍而運，龍為辰月，3月生最好。功化斯神，不愁火土，不論庚辛，合成見火，化眾斯真。癸水天生帶傷，癸卯最好(卯藏乙、偏財，乙祿在卯)。

PS：打奇遁除了注意沖、合、會……外，要看有無祿神、長生、帝旺。奇遁過年要去做【高級保養，重新去加持、打氣】。

國家圖書館出版品預行編目資料

快速記憶學八字／廖嘉賓著.
－－第一版－－臺北市：知青頻道出版；
紅螞蟻圖書發行，2016.09
面；公分－－(Easy Quick；151)
ISBN 978-986-5699-78-9（平裝）
1.命書 2.生辰八字
293.12　　105013495

Easy Quick 151

快速記憶學八字

作　　者／廖嘉賓
發 行 人／賴秀珍
總 編 輯／何南輝
校　　對／周英嬌、廖嘉賓
美術構成／Chris' office
出　　版／知青頻道出版有限公司
發　　行／紅螞蟻圖書有限公司
地　　址／台北市內湖區舊宗路二段121巷19號（紅螞蟻資訊大樓）
網　　站／www.e-redant.com
郵撥帳號／1604621-1　紅螞蟻圖書有限公司
電　　話／(02)2795-3656（代表號）
傳　　真／(02)2795-4100
登 記 證／局版北市業字第796號
法律顧問／許晏賓律師
印 刷 廠／卡樂彩色製版印刷有限公司
出版日期／2016年 9 月　第一版第一刷
　　　　　2023年 6 月　第五刷（500本）

定價 280 元　港幣 94 元

ISBN 978-986-5699-78-9　　Printed in Taiwan